Beautiful Life

Beautiful Life

暢銷紀念版

不生氣的技術

怒らない技術

日本最激勵人心的自我成長作家
嶋津良智——著
朱麗真——譯

前言

「心境」與「情緒」可以改變人生

如何將人生帶往好的方向？

首先，感謝各位讀者購買本書。

但不知道你過去是否曾有過這樣的念頭：

「好煩喔！」

「怎麼動不動又生氣了！」

「唉，今天又生氣了！」

不管你翻閱這本書的動機是什麼，我都有把握讓你在讀完後，產生「真好」的想法。因為書裡提供了許多可以將人生導往好的方向的具體方法。

或許你根本不相信世界上有這種方法，但確實有方法可以讓你在生氣的當下立即派上用場，那就是「轉換心境」。

在開始解釋「為什麼轉換心境，人生就會跟著改變」之前，我想先說明撰寫本書的理由。

現在的我，不但自己經營公司，也讓公司股票公開發行，算是一位小有成就的企業家。

但另一方面，我也從事教育事業，將自己過往的寶貴經驗，傳承給後進。

可是，在和許多人接觸的過程中，卻經常帶給我這樣的感覺：「為什麼每個人的能力都這麼好，就是沒有辦法好好發揮呢？」

為此，我希望透過本書的出版，來幫助大家抓住「機會」，並且告訴大家控制「心境」與「情緒」的重要，以及簡單做到的方法。

我自己就是因為發現這個事實及方法，才讓人生起了很大變化。

改變「心境」，人生大不同

「改變心境」就是「改變對事物的解釋及想法」。

現在，請想像自己是個業務。

許多業務都不喜歡下雨天，因為覺得「下雨天跑業務很麻煩」，所以乾脆不出門。

但有能力的業務卻會這麼想，「太好了，大部分的業務都不喜歡在雨天出門，今天應該少了很多競爭對手。而且下雨天跑客戶，也比較容易讓客戶對我產生好感。」因而交出漂亮業績（我也是業務起家，所以很清楚）。

人生也是如此，面對同樣一件事，**只要「解釋」與「想法」不同，「結果」就會完全不一樣**。

換句話說，只要控制「心境」與「情緒」，就能控制人生；只要改變「解釋」與「想法」，過去也會跟著改變，這點非常重要。

可是，一定有人不相信，「過去怎麼可能改變？」

但請試想，假如你失戀了，是不是可以選擇對過去戀戀不忘，堅信「如果兩人不分開，人生一定不一樣」；也可以選擇高呼失戀萬歲，「還好分手了，下一個人一定會更好。我的人生變彩色了！」

不同的想法會造就完全不同的人生。更正確來說，只要改變「解釋」與「想法」，就算是「壞事」也會變成「好事」。

就從「不生氣」開始

在此，我想推薦給各位讀者的，就是「不生氣」這個方法。

而且事實證明，自從我決定「不生氣」後，人生便逐漸往好的方向發展，甚至還可以說我因此站上成功的浪頭。

我在二十八歲那年創業，擔任公司的總經理。隔年又在因緣際會下，結識了另外兩位經營者，一同開始了業界首創的加盟事業，並在二○○四年，讓公司股票公開發行，成功實現了我們的創業目標之一。用五年的時間，讓公司年營業額成長到五十二億日圓的規模。

現在的我又轉換跑道，不僅準備將夢想中的教育事業付諸實行，努力栽培後進，也實現了「希望在國外生活」這個夢想。由於我協助一家新加坡公司經營事業，因而得以開設「領袖學院」（Leaders Academy）新加坡分校。

我之所以能有這些成功，全是從「不生氣」開始的。

所以改變「解釋」、「想法」的第一步，我建議從「不生氣」開始。一旦養成「不生氣」的習慣，就能順利控制自己的「心境」與「情緒」。

我也曾經動不動就生氣

老實說，因為我的個性急躁，所以過去幾乎都是用「生氣」在管理事情。

大學畢業後，開始擔任業務。由於我的業績一直很好，二十四歲便當上業務經理。就在我當上經理後的三個月，公司舉辦了一場全國性的業績競賽，我們部門竟然拿下第一。

這讓我產生自信，覺得「聽我的準沒錯」，更急切想要衝更多業績。但不久後，業績竟開始下滑，雖然還是維持一定水準，但已經不是第一名了。

我很清楚業績下滑的原因，是出在我的「管理方法」上。

那時我採取的是「KKD管理」。KKD是我自創的說法，由幾個日文單字的讀音縮寫而成，分別是「恐怖」（Kyofu）、「脅迫」（Kyouhaku）、「捶擊」（Dotsuki）。

比方說，我會直接用手戳部下、朝他們身上丟白板筆、踢垃圾桶……從早到晚不斷進行恐怖脅迫、捶擊等行為。

我的個性急躁，從小只要一遇事情，就會生氣罵人，像是「開什麼玩笑」、「混蛋」等。現在回想起來，這些都是因為自己膽小、畏縮所造成的。

「生氣的大人」增加中

「生氣」的人似乎已在世上蔓延。

日本警察廳二〇〇八年出版的《犯罪白書》提到：

「近年遭檢舉施暴的人數，以及所占人口比率，雖然二十歲以下有減少、降低的趨勢，但二十歲以上卻明顯增加、上升。可見，年紀愈大，施暴機率就愈高。」

雖然職場、生活確實可能是壓力累積的來源，但難道沒有「不生氣」這個選項嗎？

請回想一下自己過去生氣的場合，當下一定都有「生氣」與「不生氣」兩個選項，可是因為你選擇了「生氣」，所以才生氣，但那或許是大腦在〇・〇〇〇一秒的瞬間做出的判斷。不過即便如此，你選擇「生氣」卻是事實。

換句話說，當下的你，其實也是可以選擇「不生氣」的（就是要控制好「心境」與「情緒」）。

一旦選擇「不生氣」，就能獲得更多好的機會、良緣、訊息、工作、健康等。

比方說，向人問路時，你會選擇「臉上掛著微笑的人」，還是「一臉怒氣的人」呢？

當然是「臉上掛著微笑的人」囉！每個人一定都覺得跟「臉上掛著微笑的人」比較好開口，也比較願意對他們釋出善意，當然也就比較有機會得到別人得不到的好處。

本書可幫助讀者做到不生氣

本書共分為六個章節，希望對各位讀者能有所助益。

第一章，介紹簡單又有效的「讓人生暢行無阻的三個定律」。

第二章，解釋「人的情緒」，探究內心湧現的情緒本質。

第三章，說明控制「心境」與「情緒」的重要。

第四章，介紹不再感覺「煩躁」的習慣。只要有一項做到，人生一定可以往好的方向改變。

第五章，介紹讓自己感覺舒服的習慣。只要有一項做到，就能更加認同自己，更有自信。

第六章，介紹消除煩躁情緒的特效藥。因為人畢竟是脆弱的動物，萬一還是不小心動了怒，了解這些方法後，人生一定會變得更加精采可期。

嶋津良智

目錄

PART 1 不生氣的技術

第1章 讓人生暢行無阻的「三個定律」

第2章 自己的情緒，由自己決定

第3章 掌控情緒，就能掌控人生

PART 2 告別生氣、煩躁的25個習慣

第4章 不再感到「煩躁」的習慣

第5章 讓自己舒服的習慣

第6章　立即消除憤怒、煩躁的11帖特效藥

PART

1

不生氣的技術

第1章 讓人生暢行無阻的「三個定律」

最簡單的成功法則

你知道人生有「三個定律」嗎？

這三個定律適用於每位人生玩家。分別是：

- 要珍惜生命與時間；

- 人生不如意十之八九；
- 苦樂相伴；

下列我們就來逐一仔細討論吧！

要珍惜生命與時間

你知道什麼是世界上最簡單的成功法則嗎？

雖然世界上有各色人種與民族，但因為居住的國家不同，生活環境自然也就不一樣。除了人種之外，還有性別及能力的差異等。

可是儘管如此，仍有兩樣東西是每個人所被共同賦予的。

你知道是什麼嗎？

就是「生命」與「時間」。一天二十四小時的時間。唯有這兩樣東西是每個人被公平賦予的。

所以人生最簡單的成功哲學，就是要珍惜生命與時間。

換句話說，**懂得珍惜生命與時間的人，就是贏得成功人生的人。**

這是第一個定律。

「生命」也意味著健康。廣義來說，或許和「時間」同義。

對人類來說，平均壽命大約八十年，但有些人短一點，有些人則長一點。

如果生命只有短短八十年，那麼一秒鐘都不能浪費。儘管只有一秒鐘，也等於是在浪費生命。

而「生氣」就是一種浪費生命與時間的行為。

就算生氣結果還是一樣

前陣子，某健身房發生了這樣的一件事。

A先生使用了某臺靠近走道的跑步機，可是那臺機器就在A先生離開上廁所時，被B先生占用了。

A先生在離開前，為了回來後可以繼續使用，故意將提袋放在跑步機上，但隨後到的B先生卻不以為意地將袋子挪到一旁空著的跑步機上，直接使用起A先生的那臺跑步機。

不久後，A先生回來了。

「不好意思，這裡剛剛不是擺了個提袋嗎？」

「我挪到隔壁了。」B先生回答。

「但這臺機器是我在使用的。」

B先生開始不說話，也不理會A先生。

「我在跟你說話，你有聽到嗎？這臺跑步機是我在使用的。」A先生耐住性子，再一次向B先生說明，但B先生還是不予理會。

「你這個人怎麼這樣啊，我都已經說這臺是我在用的，你沒聽見嗎？」B先生仍舊裝作沒聽見。

於是，A先生將自己的提袋重重丟回原先的跑步機上。「這是我在使用的跑步機，請你讓開，聽到沒有？」就這樣，兩人一發不可收拾。

最後，終究還是搶人跑步機的B先生改用別臺機器，而A先生則繼續使用他原先的跑步機。

我在一旁看著事情發展，心想其實跑步機被搶走的A先生不管是繼續使用原先跑步機，還是改用別臺跑步機，結果並沒有什麼差別，因為同樣都有跑步機可用。只因為自己的跑步機被搶走，所以才生氣跟人吵架。

那如果我是A先生的話，會怎麼做呢？

當然心裡也會不舒服，但我會考量為此和B先生起爭執，對自己有沒有好處？如果能靜下心來這麼想，一定會發現這一點好處也沒有。

而且，不管使用哪臺跑步機，都不可能改變當天的運動成果。既然如此，趁機看清對方是「無理之徒」，改用別臺機器就好了。

如果最後得到的結果一樣，就不要選擇煩躁、生氣；如果稍微忍耐就能得到相同成果，就選擇不讓自己生氣的選項，最終對自己還是比較好的。

花時間生氣、煩躁，老實說，這就是在「浪費人生」。

如果結果不變，我主張要節約能源，就像現在流行的油電混合車，絕對不要在不必要的地方浪費能量（動怒）。

既然結果不變，情緒也應該做到節約能源，就像汽車一樣，把能量用在該用的地方。

易怒的人容易短命

生氣會短命。

免疫學權威、新潟大學醫學研究所教授，同時著有《免疫革命》（講談社International）等書的安保徹醫師斬釘截鐵地說：「易怒的人大多短命」。

人體的自律神經可以分為「交感神經」與「副交感神經」兩部分，負責掌管人類的身心活動。

其中，交感神經又稱為「活動神經」，每當工作或運動時，會提高心跳、血壓，製造出緊張狀態，振奮精神。而副交感神經則是「休息神經」，可讓內臟與器官得到放鬆，在休息、睡覺時的作用較強。

換句話說，在情緒激昂或是肌肉等緊張、興奮狀態下，是交感神經在工作；相反地，在吃飯、喝酒、睡覺等鬆弛、放鬆狀態下，則是副交感神經在作用。如果兩者取得平衡，身體就能健康。

安保教授從醫學角度來解釋與自律神經連動作用的免疫系統機制，認為「要提高免疫力，重要的是製造出由副交感神經主導的放鬆狀態」。但如果經常「生氣」、不斷承受強大壓力，就會導致胃潰瘍、高血壓、糖尿病、失眠、締結組織病，甚至是癌症等。

由此可知，生氣是種浪費每個人被共同賦予的「時間」與「生命」的行為。違反「珍惜時間與生命」這個簡單成功法則的行為就是「生氣」。

但「笑」對身體是好的。

安保教授在《免疫革命》一書中提到：「為活化副交感神經，另外一個重點在『心態』。我強烈建議大家要多笑，表情嚴肅時，交感神經是緊張的。

你可能是因為生病沮喪，我了解生病的確會讓人難受，但為了治好病，一定要笑口常開。即使有再多不愉快，只要一笑，人也就開朗了，不是嗎？還能因此活化副交感神經，所以一定要常笑。

許多癌症患者一臉嚴肅，幾乎不笑，把交感神經繃得緊緊的。所以每當醫生準備展開治療時，如果看到患者笑得出來，就會對治療結果充滿希望。」

沒有意義的「生氣」會趕跑人生的成功。換句話說，不生氣的話，人生便更貼近成功一步。

事與願違所以有趣

「人生不如意十之八九」，所以儘管你再煩躁、生氣都沒用，因為事與願違才是人生。而人生也正因為這不如意的十之八九，才顯得有趣，不是嗎？

許多人經常用打高爾夫球來比喻人生。雖然已經想好如何揮桿，希望球朝洞口準確飛去，但球卻偏左或偏右，不照我們的意思，或是風也可能來搗亂，將球吹往意想不到的地方。因為牽扯的因素太多，就像人生的深奧運動。

所以，如果高爾夫球是一學就輕鬆上手的話，那還會有那麼多人認為它是有趣的運動嗎？我想就未必了。

高爾夫球正因為難學才有趣

高爾夫球到底是什麼運動？以愈少桿數打完規定回合，就是這項運動的重點。

既然如此，為了讓大家都能敲出好成績，是不是只要縮短到果嶺的距離，把球道做得筆直，並且撤掉沙坑、小河、水池就好了呢？

當然不是，這麼做就沒意思了。高爾夫球的有趣之處，正是因為克服了那些困難，並且得到自己追求的成果。

職業高爾夫球選手丸山茂樹說：「打高爾夫球很有趣，也很辛苦。可是一旦缺少這兩個特點，就不是高爾夫球了。」想讓技巧更加純熟、想要超越阻礙的過程都伴隨著痛苦，可是等在另外一頭的，卻是更大的喜悅與開心。

打保齡球也是，側溝是保齡球的最大敵人，洗溝當然就打不到球瓶，分數也不好看。那麼，既然目標是打倒排列在幾公尺外的十根球瓶，是不是把兩邊的側溝填平就好了呢？

當然不是！正是因為有了側溝的關係，才能炒熱氣氛。

人生也一樣，「想做這個」、「想做那個」，但老天偏偏來搗亂，問題、難關、困難、辛苦每天不斷出現在眼前。

事情不照計畫進行，當然讓人心煩，甚至生氣、沮喪。但人生本來就很難事事順心，一不如意就生氣、沮喪，只是讓時間虛度而已。

況且生氣、沮喪也不能幫助你憑空生出一些什麼東西來。煩躁、生氣只是浪費人生而已。

比爾．蓋茲也一定在妥協

我認為人生就是一連串妥協。儘管是再有本事的人，某些方面一定也只能隨順、忍耐。就連世界知名的成功者比爾．蓋茲，也是每天不斷在妥協吧！

我曾經認真思考我和比爾．蓋茲的差別，並找出幾點原因，做出這樣的結論：「我們妥協的次數不同」。

人是每天要做出許多妥協的動物，但次數會因人而異。

假設每天要決定的事情有十件，那比爾．蓋茲的妥協次數大約是三件、上市公司老闆是五件、一般人則是八件……類似這樣，妥協次數並不相同。

一天妥協三件事情與八件事情，乍看之下差距不算大，但一年累積下來，差距就會拉大到一千八百件左右。我想，那樣的差異會顯現在人生的不同。

妥協絕非不好，每個人的一生中都在妥協。但必須想辦法減少妥協的次數，哪怕是一次也好。

比方說，原本一天妥協八件事情就要想辦法減少到七件，七件的話就要減少到六件……這麼一來，人生必定變得更加美好。

多虧了一連串的苦難與失敗

接下來是人生的第三個定律「苦樂相伴」。

人們常說職場人士的黃金歲月是在三十到五十歲之間。那麼，要怎樣做才能在三十到五十歲之間發光發熱呢？

過去曾有人力銀行，針對三十到五十歲的職場傑出人士進行問卷調查，想要找出他們表現卓越的祕密。

在各式各樣的回答中，只有一項是大家共同一致的，就是「必須在三十歲前，嘗過其他二十幾歲的人所不曾經驗過的苦難，像是慘敗、令人難以忍受的慘痛回憶等負面經驗。」

這樣的調查結果，也讓我回想起當初二十二歲大學畢業後，進入賣電話、傳真機、個人電腦等資訊通訊機器公司當業務的時候。

主管與公司前輩只帶我三天，第四天起就要我一個人一間間拜訪客戶。從大田區池上一丁目一番地開始，我完全沒有頭緒，也不知道要對客戶說些什麼，但如果什麼都不做，生意肯定不會主動找上門來。於是我下定決心，鼓起勇氣走進車站前的釣具行，開始了我的業務人生。

我的第一張訂單是在大田區一家汽車零件公司拿到的，那時我所能做的，就是找「有機會的公司」。

即使我對商品不太了解，只會說「機器舊了換一臺吧」，可是一旦讓我找到有機會的公司，就會死命咬住不放。即使被人揶揄「『煩人』與『熱誠』只有一線之隔」，我還是會每天報到。

當時我進入的是所謂的創投公司，全公司約五百名員工中，有九成是業務，規模快速成長。而且同梯的一百人，年紀跟主管、學長差不了多少。

半年後，我突然被升任經理，開始帶人。因為公司沒有人才培訓制度，所以一切都得由我自己來教，但我根本不清楚要如何教人。可是為了善盡主管職責，我努力讀書，現學現賣，拚命要讓下屬達成業績。這雖然讓我經歷各種失敗，卻也讓我能每天在錯誤中學習、成長。

吃苦的人與沒吃過苦的人的差別

上班一年後，有機會跟大學時代的朋友見面，彼此喝酒、聊聊工作，但卻有種話不投機的感覺。

後來隔天上班，隨口向一位同事聊到前晚的感覺，沒想到他竟對我說：「我懂，因為我也常有那種感覺。」其實仔細想想，那是當然的。

當時正值泡沫經濟的高峰期，一些能進到大公司的新人都被公司保護得好好，一年過去了，仍乖乖在幫主管提公事包；可是進到創投公司的我們，半年後就得開始帶人，除了有肩負別人人生的壓力外，還得工作拚業績。

因為我們吃過那些大公司的人所不曾吃過的苦，才得以成長，所以看待生意的感覺跟大公司的人不一樣。

在《中田英壽 驕傲》（小松成美著／幻冬舍）這本書中提到：「前日本足球國家代表隊的中田英壽選手，稱呼其他日本國家代表隊選手為『這一代的選手們』。由於義大利甲級聯賽與英格蘭超級聯賽的踢球經驗，帶給中田客觀俯瞰全局的能力，與不屈不撓的意志。」指出早年赴海外踢球，吃盡苦頭，有過很多經驗的中田選手，與其他日本國家代表隊的選手相比，有著明顯成長。

三十歲報銷

一般來說，運動選手的生涯大約十年，是一般職場人士四十年工作年數的四分之一。可是從另外一個角度看，他們每年都過得很扎實，相當於職場人士的四倍，也就是四年。

以中田選手為例，他在一九九八年於法國舉行的世界杯足球賽後，球技受到肯定，於是轉投效義大利甲級聯賽的佩魯賈隊（Perugia Calcio）。

可是為了能到國外踢球，接受更大挑戰，他選擇與當時效力的湘南比馬隊（Shonan Bellmare）解約。所以即便成績不好遭到解雇，也無法再回到日本球隊，等於是背水一戰。

與待在日本國內打日本聯盟的選手相比，不管是肉體上還是精神上都相當辛苦。但也因為他把自己丟進那樣的環境裡，才得以以超猛速度成長，因而說出「這一代的年輕人」這樣的話吧！

巧合的是，在我剛進公司時，也曾和同事互開玩笑說：「待在我們公司，差不多三十歲就報銷了，因為我們的工作量是其他公司的五倍。」

我待的創投公司很磨人，許多受不了辛苦的業務，都在三十歲左右辭職。在那樣的環境下，我感覺自己是以五倍於在上市公司工作的大學同學的速度在過每一天。

一些成功的職場人士與中田選手的共同點是，因為年輕時吃過苦，所以後來都有很好的成績。但必須留意的是，不能光是吃苦。為了脫離苦海，必須不斷嘗試錯誤，才能化為成長的能量。

在《一朗頭腦》（兒玉光雄著／東邦出版）這本書中，效力於棒球大本營美國大聯盟西雅圖水手隊的鈴木一朗提到：「如果以為吃苦就有回報，那就錯了！而且是大錯特錯。必須想辦法不再受相同的苦。如果什麼都不想，只是受苦是不行的。只知道喊苦而沒有作為，事情永遠都不會改變。總之，要不斷思考，多想些有的沒的，並把它說出來。過程中，你就會得到靈感。」

過程比結果重要

你滿意現在的地位嗎？

所謂「地位」指的是財力、能力、魅力、健康和社會地位。

無論你滿意與否，都希望你能想想是什麼造就了自己現在的地位？是你在過去所累積的經驗。

每年櫻花樹會在三月底到四月初，這短短一個禮拜的時間開出美麗花朵，綻放迷人光芒。

它們忍受酷夏、嚴寒努力活著，就只為了那一個禮拜的盛開。

人也是一樣，為了贏得光榮、成就，需要歷經相當的苦頭與困難。

比方說，每到夏天，全國各地高中棒球隊就會開始拚預賽，希望取得甲子園的出賽資格。

直到決賽結束，大約只有為期兩個月。雖然會期很短，但為了那瞬間的喜悅，選手們還是甘願每天追著球跑，搞得全身髒兮兮。

所以，每一天的努力才是最重要的。

你曾經登上富士山頂嗎？

想要站在山頂，可以花十分鐘搭乘直升機，也可以從山腳下一步一步往上爬。試著想像一下花十分鐘抵達時的心情，與從山腳下花很長時間，靠自己雙腳一步一步往上爬，忍受過程中的辛苦、疲累後到達頂端的心情，何者會讓你比較有成就感、比較充實呢？

想必是困難、辛苦，花費很長時間，但靠自己雙腳攻頂的喜悅最大吧！

人是從過程中學習的動物，光憑結果是學不到東西的。

省略過程只想獲得結果會發生什麼事情呢？

或許可以幸運取得成果，但是與經歷過程的人相比，能學到的很少；如果以長遠來看，差距將拉得更大。

我是個典型的平凡人

我聽說最近不喜歡努力的人愈來愈多，但不努力真的能過好人生嗎？

人們常說，世界上只有百分之二的成功者。換句話說，世界上其餘百分之九十八的人，都應該接受自己是「平凡人」的事實。

那麼，沒有特殊才幹與能力的百分之九十八的平凡人，該如何擠身進入百分之二的行列呢？

我想，除了「努力」別無他法吧！

如果不先認清自己是平凡人這個事實，告訴自己得拚命努力，是不可能過好真正人生的。

我是個典型的平凡人，不曾努力鑽研過什麼。大學時代對體育不專精，學校成績也不好不壞，是個沒有什麼優點的平凡人。

提高「人生的免疫力」

我比別人更早開始背負重擔，被交付做重要工作。年輕時也有過各種體驗，並且嘗過各種失敗。這些年輕時遭遇到的小失敗、小挫折，可以讓人產生免疫力。有了免疫力，即使遇到再大事情，都能找到解決的辦法。

換句話說，我還學會了事情發生當下的處置，以及控制情緒的方法，所以我能做到「不生氣」。

跟身體一樣，從小玩泥巴接觸一定程度的細菌，自然會有免疫力。如果刻意隔離細菌，反而有礙免疫力提升，容易生病。德國甚至還立法規定「孩童有玩泥巴的權利」呢！

再以一個故事為例。某國有個小鎮到處都是蟑螂，小鎮打算徹底清除蟑螂，於是展開除蟑大作戰，從此再也不見蟑螂出現。可是不知道為什麼，此後鎮上生病的人反而愈來愈多。

仔細調查後竟發現，原來蟑螂清除後，由於雜菌減少，所以鎮民的免疫力也跟著減低，才變得容易生病。於是，小鎮只好再適度讓一些蟑螂復活。

身體的免疫力愈強，代表自癒力愈好。對付生氣也一樣，一點一點形成免疫就會有免疫力，控制生氣、治癒自己的能力也會愈來愈好。

讓孩子失敗

教育孩子也是同樣道理。

現在人都只生一或兩個小孩，哪敢放手。有愈來愈多家長喜歡「防範未然」，不管小孩做什麼都要仔細教導，想盡辦法讓他們做得完美，不會失敗。但這是在剝奪孩子克服困難的機會，是「不讓親愛的孩子旅行」的行為。

的確，家長照顧得愈仔細，並做好所有事情，孩子們比較沒有壓力。但有誰能照顧孩子一輩子嗎？

家長能給予孩子無微不至照顧的時間有限，當他們開始接觸團體生活後，自然不能再任性而為。可是一旦到了這個階段才開始嘗試失敗，很可能會因為情緒控制的訓練不夠，只要一點失敗就會讓孩子倍感壓力，當場爆發開來。

所以，讓孩子反覆在小失敗中成長很重要，但偏偏家長愛走捷徑、不讓孩子失敗卻是個大問題。

記住，孩子跌倒時，千萬不要馬上伸手幫他，學習「放著不管」是很重要的。

經歷許多小失敗的好處是，身體會自動記得「靠自己恢復」的技巧。趁年輕多挑戰、多失敗、多經歷挫折是很重要的。

Next Chance（再接再厲）

真正應該害怕的，不是挑戰可能帶來的失敗風險，而是不挑戰所帶來的風險。當然，凡事起頭難，「討厭失敗」是人之常情，但如果因此什麼都不做，那什麼都不會改變。

不只不會改變，還可能因為維持現況而讓自身腐朽敗壞，跟不上時代。

就像本田宗一郎（譯註：日本HONDA創始人）所說：「成功是靠百分之九十九的失敗撐起的那百分之一。」

或許大部分的挑戰經常以失敗告終，但失敗本身絕非壞事。

如果能從失敗中有所學習，就不能算是失敗。

二〇〇五年帶領日本職棒千葉羅德海洋隊拿下暌違三十一年的日本第一的總教練瓦倫泰（Bobby Valentine），會對表現不好的選手說

「Next Chance」（再接再厲），而不是「別在意」。

他不曾怒罵守備失誤或者被三振的選手，只會輕拍他們的屁股說：「失敗也沒關係，你們都做得到，只要在下一次的機會中加油就好。」這句「Next Chance」（再接再厲）。他不斷鼓勵羅德隊的年輕選手們，話將選手的心，從不知所措的挫敗感導向下一個機會，所以選手們都成長了。

硬拗總有一天要受罪

在這世上，有些人已經在從事自己想做的工作，但也有些人為了能在未來從事想做的工作，正在受苦忍耐。而現在的你，是屬於哪一種呢？

以我來說，幾年前開始，我就已經在做自己想做的事情了，那是我夢想中的教育事業。

我也曾經從事自己不想做的工作，但為了能在未來做自己想做的事，我把它當成磨練，努力做好眼前的事，藉此提高自己的能力，慢慢累積資歷。

可是對有些人來說，結果才是最重要的，其中過程一概不以為意。

曾經發生過這樣的真實案例。

因為電腦系統發生問題，航空公司報到櫃臺前，乘客排成一串長龍。但為了能順利搭上飛機，每個人還是耐住性子，乖乖排隊。

其中，一個男人突然發飆：「搞什麼，我很急耶，快把票給我！」粗聲粗氣地要櫃檯小姐想辦法。一會兒後，那男人被帶到角落，優先拿到機票。

有些人就是靠硬拗得到好處，但那種人最終都不會有好結果。

目睹這種事情發生，你可能會覺得這世界就是懂得硬拗的人占便宜。的確，硬拗的人或許當下能占到一時便宜，但從長遠來看，卻不是那麼一回事。

忽略過程所得來的結果，在往後人生是不可能嘗到甜美果實的。因為人必須從過程中學習、成長。老是硬拗，總有一天要受罪。

我聽說麥當勞的廚房沒有人戴眼鏡，因為失誤都是發生在眼鏡起霧的那幾秒。而豐田汽車為了縮短一秒鐘的作業時間，每天都不斷在努力改善多餘環節。同樣地，很多上市公司為了提高生產效率，每天都很拚命。要想讓公司掛牌上市不可能一覺醒來就能辦到。為了完成目標，需要一步一步的累積。

第2章 自己的情緒，由自己決定

眼前發生的事情沒有任何意義

「他害我生氣」，有人會這麼說。

「他害我難過」，也有人會這麼說。

意思是說，因為某人講了什麼、做了什麼，才害你生氣、害你難過，所以某人應該對你負責。但是，生氣、難過的是我們自己，讓你感到生氣、難過的對方的言行舉止，只是挑起了你的情緒罷了。

也就是說，決定生氣與否的是你自己。

眼前發生的事情沒有任何意義，賦予那件事情意義的是我們。

松下電器公司創辦人松下幸之助受訪時，談到自己成功的三個原因——沒有受過教育、體弱多病、貧窮。

因為沒有受過教育，所以努力學習；因為體弱多病，所以不抽菸、不喝酒，注重養生；因為貧窮，所以努力工作賺錢。

沒有受過教育、體弱多病、貧窮通常都被負面看待，但經營之神松下幸之助卻能做到正面看待所有負面因素，這正是他成功的原因。

左右人心的不是事件，而是對事件的解釋

我就讀高中的姪子，加入了學校的橄欖球社。練球時，看見學長們

將喝完水後的寶特瓶，隨手扔到地上，下次要喝時，再直接從地上撿起灌到嘴巴裡。

姪子看了心想：「怎麼不擦一下，這樣不就連土也一起喝進嘴裡，好髒喔！」於是好意提醒學長，但據說學長似乎回他：「拜託，這可是大地賜予的珍貴礦物耶！」當然這是半開玩笑的。

從這個例子就可以知道，不同的人會以不同的角度來看待同樣一件事。

姪子覺得直接拿起沾著地上泥土的寶特瓶喝水很髒，但學長卻從感謝大地恩賜的角度來解釋。同樣一件事情，看法與思維不同，解釋便全然不同。

眼前發生的事情，會根據我們對它的主觀定義而出現不同反應，像是煩躁或生氣。所以，決定生氣與否的是我們自己。

每個人所做的每一件事都是經過自己的選擇，一天下來，我們甚至要做出幾百、幾千個決定。

而且更重要的是，「決定的品質」會改變你「人生的品質」。

年輕時我沒有領悟這個道理，只要遇到討厭的事，就氣個不停。但我從沒想過，原來生氣是「自己」決定要生氣的；每當遭遇某些事情時，是「自己」選擇要討厭那件事的。

好比說，上班遲到被主管劈頭怒罵「混蛋」。

面對這種處境，我們可以選擇生氣，「不用把話說到這麼難聽吧」，或是不生氣，「我遲到被罵也是應該的」。

面對他人批評，有人會感到生氣，覺得「囉嗦，真是雞婆」；但也有人會心存感謝，「多虧他替我著想，願意提醒我」。

左右人心的不是事件，而是「對事件的解釋」。

所以，情緒一定可以靠「個人意志」而有所改變。

同樣一件事，結果會隨著想法改變

事件不會改變結果，因為結果是隨著你對事件的解釋、看法而有所改變。有些你自以為「百分之百」正確的事，事實可能不盡然如此。

比方說，「太陽從東邊升起，西邊落下」，這是真的嗎？

很抱歉，這雖然是事實，但卻不是真的。它只是看起來「像那麼回事」罷了！事實是，地球在自轉的同時，也繞著太陽轉。

我們每天看到太陽從東邊升起，西邊落下的事實，便誤以為那是真的。因為腦中有了先入為主的觀念，所以看不見真相。

一件事情可以有各種不同的看法。

以職棒比賽為例，雖然巨人隊輸球會讓支持巨人隊的球迷難過，但對討厭巨人隊的球迷來說，卻相當痛快。因此，每個人都必須了解，同樣一件事情，是可以從不同角度、觀點來解釋的。

有兩個賣鞋的業務，被公司指派到沒有穿鞋習慣的非洲某地。其中一個業務看到沒人穿鞋，心想：「這種地方怎麼可能有人買鞋」，便憤而回國，還埋怨公司，「也不調查清楚，就把我派到這種地方，真不知道他們在想什麼」。

但另外一個業務卻很高興，「我發現一個還沒人穿鞋的市場，在這裡鞋子一定大賣」，便立刻請總公司寄來數百雙鞋，開始沿街叫賣，反應果然熱烈。

「看到沒人穿鞋」這個事實，就因為兩個業務的不同解讀，讓結果出現很大的差異。

改變想法，就能控制情緒

原本你已經決定等九點的連續劇播完，就要馬上讀書，但卻在九點半正好看的時候，突然被媽媽叨念：「你到底要看到幾點？還不快去讀書！」

這時你會怎麼想？

有三種可能：

①「很煩耶，不用妳說我也打算十點開始用功。既然妳都這麼說，那我不讀了，明天再說！」因為鬧彆扭，所以不讀書。

②雖然心想「真囉嗦」，但不得已還是得回房。可是已經決定十點才要讀書，所以就算九點半回房，在還沒十點前，還是以其他事情（如看漫畫）來打發時間。

③雖然覺得媽媽真囉嗦，但念頭一轉，「其實媽媽也不是討厭我才這麼說，她是擔心我要考試，要我多『用功』罷了。三十分鐘可以拿來多背三、四個英文單字。一天背三個，三十天就是九十個，一年下來就有一千多個。每天多用功三十分鐘，一年就可以多背一千個單字，少浪

費三十分鐘就能產生這麼大的不同，這是媽媽給我的機會，我就不要浪費時間，好好用功吧！」便認真坐在書桌前，專心用功。

試想，抱持何種想法的人，成績會最好呢？當然是第三種。

只要轉換念頭，就能不生氣。

是自己的情緒衍生出憤怒

聽到同樣一句話，卻會隨著當下情緒，做出不同解釋。煩躁時與冷靜時聽到的反應，完全不同。

比方說，你身為公司主管，而下屬就「A公司打算毀約」這件事想與你商量。碰巧你正好因為工作不順，感到十分煩躁。這時，可能會出現哪些反應？

「混蛋！你就是動作太慢了，才會搞成這樣。現在馬上給我去A公司，如果事情沒有處理好，就不要回來了！」或許，你會這樣罵人。

但如果能讓自己平心靜氣，「這樣啊，不如你再跟我說得更詳細些，我們一起想辦法。」彼此就能以更有效率的方式處理。

或是有下屬來請教你工作上的問題，但你正好心煩氣躁，所以應答時的口氣不是很好，「這件事只要這樣做，不就好了嗎？你到底在想什麼！」像這樣把自己的情緒，發洩在恰巧跑來請教你的下屬身上。但因為他根本不清楚你的狀況，只會覺得自己無辜，並對你心生不滿，「為什麼我得受他這種氣？」

同樣一個問題，如果你當下心有餘力，是可以這麼回答：「原來如此，那你自己覺得呢？」就會想要幫助他，確實提供意見。

一旦心情煩躁，很容易讓自己從負面角度來看待事情。如果能冷靜下來，同樣一句話、一件事情，感覺也會完全不同。

養育小孩時的煩躁感覺也一樣

養育小孩也一樣。

以「哄小孩睡覺」為例。假設你還有一堆工作要做，也到了孩子差不多該睡覺的時間，但不管你再怎麼哄騙，偏偏孩子就是不聽話，這會讓你愈來愈心煩，口氣也跟著大聲，「快點睡」、「你為什麼不睡覺」。

但如果你沒有工作纏身、自己也想睡覺的話，那麼孩子不睡你就不會這麼在意，想必說話時也是輕聲細語。

也就是說，「孩子不睡覺」的事實不變，但會隨著你的情緒起伏，出現不同的解釋與態度。

人的情緒很容易受到「芝麻小事」影響，而對同一件事出現不同解釋與態度。如果能時常保有穩定情緒，那麼將一句話或一件事朝壞的方面解釋的機會就會變少，對人的態度也能更加平和。

不管處理什麼事情，如果始終以煩躁心情來處理的話，對結果並不會帶來太大幫助。

比方說，煩躁時動作就會變得粗魯，一旦動作粗魯，就很容易損壞一些東西，讓旁人對你產生不好觀感，而自己心裡也會更加慌亂，感覺似乎就有什麼狀況要發生。

接受「不同價值觀」

內心之所以會湧現「憤怒」、「生氣」、「厭惡」等煩躁情緒，是因為價值觀的不同。一個工作很有效率的人，會對工作速度慢的人感到不耐。

如果你的個性開朗，會受不了個性陰沉的人；愛乾淨的人，會看不慣邋遢的人；神經質的人，會看不慣神經大條的人；守時的人，會看不慣沒有時間觀念的人……這些都只是因為對方跟自己的價值觀不合，才會感到心煩。

如果對方原本就是那樣的人，他也覺得自己這麼做沒什麼，卻惹得你心煩氣躁的話，那這就不是對方的問題，而是你的問題了。

因為，是你要讓自己感到心煩的。

因此，要試著改變自己對事情的解釋。

比方說，受不了工作慢條斯理的新人、看不慣老是犯錯的新人，這時就要這樣想，「我剛進公司的時候，應該跟那傢伙沒有什麼兩樣吧」。

受不了哭鬧不停的小孩，這時就要轉念，「當我還嬰兒的時候，應該也是這麼愛哭吧」、「小孩的工作就是哭呀」。

「跟這種人沒什麼好說的！」

曾經有人在我面前誇口，「我跟人討論事情從來沒有輸過。因為我一定會講到贏！」

看到他得意洋洋的樣子，我心想：「那跟這種人還有什麼好說的！」因為他徹底把討論的目的搞錯了。

原本討論的目的，是要彼此提出A意見、B意見，經過妥協後，找出最完善的C意見。可是，這個人卻只想讓人接受他自己的A意見。

會議時，當有人主張「我認為……」時，也可能會有人持反對意見，彼此爭鋒相對，互不讓步。大家都認為自己的意見才是對的。

那麼，到底誰才是對的呢？

其實雙方都對，因為重點在於認同彼此、接納彼此。

不管是誰，都沒有權力否決對方的意見。

對方跟我們的意見不同，不代表對方就是錯的，因為那是他個人的看法。勇於表達自己想法、意見是好事，沒有人有權力斷然否決他人，也不可以這麼做。如果一味堅持己見，自然就會心煩，搞到最後雙方可能就要撕破臉。

你會對自己深信不疑，並把過錯推給對方、怪罪他人嗎？

自己真的對嗎？

這種時候，就有必要再一次客觀審視自己。

不要以為自己的想法都是對的，要試著懷疑「我真的對嗎？」

如果再次審視後，還是認為自己是正確的也沒關係，但有可能會出現不同的想法。「本來我是這種想法，但現在這麼看似乎也可以」，或者「仔細想想，可能也會出現這種情形，所以原先的想法不能算是最正確的。」

見解、觀念會隨著想法改變，有時可以讓人從中獲益。

因為朋友一句話，所衍生出的憤怒情緒是什麼？

當你感到憤怒時，不要以為自己是委屈和理所當然的，最好對它抱持懷疑態度。因為人們有時也會因為他人一針見血的意見，而出現憤怒情緒。

在我剛進公司沒多久的某天，早上起床一看鬧鐘，發現還差三十分鐘就要遲到，原本昏沉沉的腦袋瞬間驚醒，顧不得還沒洗臉、刷牙，急忙穿上襯衫、披上西裝外套就衝出門。

趕到公司時正好是朝會時間，會議早已開始進行，當下業務部五十幾名員工的目光，全都集中在我身上。

「很抱歉，我睡過頭了。」我說。

隨後，一位同事大聲對我說：「搞什麼，沒時間在電車裡打領帶嗎？」定神一看，領帶還緊緊被我抓在手上，完全沒有想到自己還沒打領帶。

可是，當那位同事在眾人的面前，對我說出這句話時，瞬間我感到全身血液都逆流到了頭裡，一股怒氣沖了上來，「這傢伙是存心讓我在大家面前難堪的嗎？」

入座後，我一邊參與朝會、一邊冷靜思考他說的話。

或許真像他說的，我明明有足夠時間可以在電車上打領帶，卻還是抓著領帶衝進會議現場，是想表現出「我雖然睡過頭，但還是拚命趕到公司」的認真態度嗎？還是是真的太過慌張，才會抓著領帶就衝進公司了呢？

為什麼我會對他的那句話感到憤怒呢？

因為那句話直擊我不想被人碰觸的痛處。

因為一針見血，所以產生憤怒的情緒。

不要讓情緒受到訊息左右

就像傳話遊戲一樣，訊息可能會在傳話過程中，遭到傳話者的扭曲，而讓內容出現變化。

以我朋友公司為例。每年年初公司規定要訂出下一年度業績目標，再將業績除以十一，規定要在十一個月內達成，並用最後一個月來填補先前沒有達成的業績。但其實保留最後一個月的主要目的，是要用來跑客戶的，藉此一一感謝客戶整年度的照顧。

可是這立意良好的規定，傳到外人耳裡，卻自動刪除了「最後一個月要做些什麼」的部分，成了類似這樣的內容：

A：「你知道嗎？那家公司規定員工只能用十一個月的時間，就要達成整年度的業績耶！」

B：「那剩下的一個月要做什麼？」

A：「我也不清楚，可能就是要將營收衝到百分之一百二十之類的吧！」

B：「業績設定在百分之一百二十啊，也太過分了吧！」

就這樣，這邊砍一些、那邊補一點，變得完全不是原來的意思。

甚至，還可能起「同化作用」。也就是訊息到了傳話者的腦中後，經過傳話者的想像，才又被傳了出來。

比方說，「坐著一位身穿西裝的男士」，聽到傳話者耳裡，經過主觀對「穿西裝＝上班族」的想像置換，最後可能就變成「坐著一位男性上班族」。

此外，在一個封閉環境中，同樣訊息聽到兩次，也會對原本半信半疑的訊息，產生「好像大家都知道」的誤解而深信不已。

好比聽到A說：「某某人說你壞話喔！」即便當下你想：「應該是搞錯了吧！」但如果又從B那裡聽到同樣的話，你就會確信「果然是真的」。可是事實上，B有可能只是從A那裡聽來的罷了。

所以，不要被訊息左右你的情緒，除非是我們親眼看到或親耳聽到的事實，不然都有可能是錯的。

隨意聽信八卦，搞得自己既生氣又心煩，真的非常浪費時間。

生氣是頭腦的老化現象

生氣有時是因為「心態的老化」。

有時我們跟上了年紀的阿公、阿嬤接觸，會覺得他們要比以前彆扭、囉嗦。這或許是因為對上了年紀之後，沒人關心而感到寂寞所致，也或許是因為感覺老了的自己愈來愈沒有存在的價值吧！再加上離開職場後的落寞感，以及拚命說話卻沒人理睬有關。

感覺阿公、阿嬤是用這種方式來向外人表達自己內心的感受。

習慣批評、抱怨，或是不懂得釋放壓力、煩惱的人，外表看起來會比實際年紀衰老。相反地，身體健康、笑口常開、充滿好奇心，或是有自己嗜好的人，則充滿活力，青春洋溢。

「情緒」與「想法」竟會對人造成這麼大的差異。

所謂「心態老化」是指對喜、怒、哀、樂等情緒的反應減弱，缺少動力，沒有活力。如果你發覺自己變得囉嗦、易怒、愛哭、莫名不安、彆扭、擔心生病的話，不妨試著努力讓心情放鬆。

人生的成果會因想法、態度而改變

人生的成果是從何而來的呢？

樹木因為有了樹根、樹幹、枝葉，才能結成果實。

而人生的成果就像樹木結果一樣，必須先對事物抱持看法、想法與態度，這就是「樹根」的部分；知識、技術、技藝、技巧就是「枝幹」；行動、態度、身段就是「枝葉」。只要條件具備了，最終就能結成果實。

事實上，世界上的所有事物，都是從人對事物的看法、想法與態度所衍生而來。存在於世界上的所有事物，都是人心製造出來的結果。

你眼前看到的一切都是。

比方說，所有商品都是來自人類的發想，來自希望讓生活過得更便利的想像，都是根據人類看待事物的想法，所衍生出現象的結果。

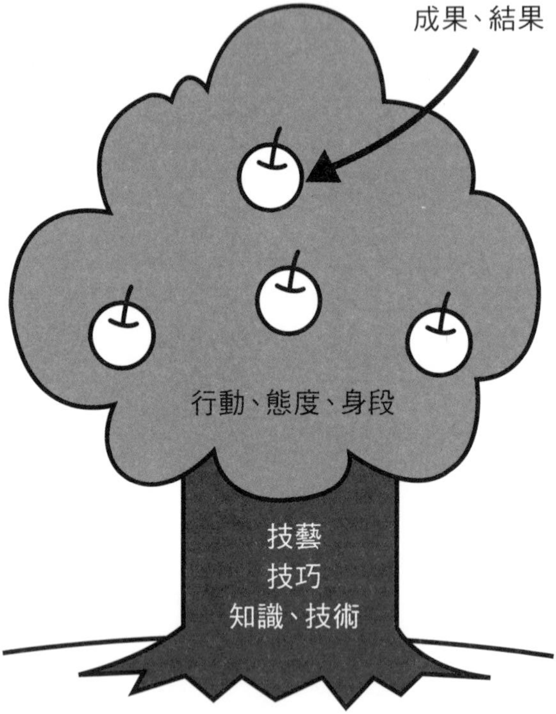

態度以及對事情的看法、想法

因此，要想有好的結果，就要重新審視「樹根」的部分，也就是對事物的看法、想法與態度。

種樹專家說：「看植物的根，就知道它會怎麼長」。根扎得愈穩，結出來的果實就愈甜美。想要果實豐碩，一定要重視根的部分。

你是為了什麼而活？

這裡和大家分享一則小故事。

有三位砌磚師父合力建造大型修道院，但據說需要花上一百年的時間才有可能完成。因此，有人好奇地分別詢問三位師父：「你在做什麼？」

第一位師父生氣地回答：「你沒長眼睛嗎？我在砌磚牆，真的已經做到不想做了。」接著又問第二位師父同樣問題：「我在砌磚牆，這個工作雖然辛苦，但薪水還不錯，所以我在這裡工作。」

同樣問題也問了第三位師父：「我為了蓋修道院正在砌磚牆，這間修道院將成為眾多信徒的心靈依歸，我很幸運能夠從事這份工作。」

過了十年，第一位師父跟以前一樣，一邊抱怨，一邊做著砌磚牆的工作。第二位師父則找到待遇條件較好的工作，但需爬上修道院屋頂，危險性高。第三位師父因為學到各種知識與技能，升格為工地主任，底下帶領著更多師父，最後名字還被刻在修道院上。

這三位砌磚師父的差別在哪裡呢？

差別就在於對砌磚牆這件工作的「使命感」與「成就感」。

換句話說，想法不同、根本不同，對工作的心態、看法與想法也就會不一樣。即使只是栓緊新幹線車輪螺絲這樣的工作，如果沒人做的話，新幹線就無法建造完工。

事情再細微也不能懈怠。工作時，請試著想像一下自己正在做的事情將影響多少人，那麼工作成果必定會不一樣。

人生也是，結實與否，就看自己想要怎麼活著。

第3章 掌控情緒，就能掌控人生

我們無法改變過去，卻可以改變未來

是什麼造就了現在的你？

是「過去」，是你在過去的所作所為。

過去的你可能播下壞的種子、也可能播下好的種子，而現在你所擁有的，就是過去播下種子所結出來的果實。

「生氣」也一樣，是因為你在過去做過一些事情，才會出現眼前讓你生氣的情況。

或許更正確地說，是你從過去一路建立起的價值觀，讓你對眼前的事實感到不快。但不管是多麼討厭的過去、不管是多麼美好的過去，過去都已經過去，沒有辦法改變。唯一可以改變的，就是「未來」。

「未來」跟「自己」是可以改變的。

如果你對自己懷抱期許，希望十年後、二十年後的自己可以開創出一片不凡的天地，就要看你從現在起做些什麼。也就是要從現在開始播下種子，因為結果會隨著你這刻播下的種子而改變。

你在過去播下哪些種子呢？

現在的你就是過去播下種子所發芽開出的花朵。如果你希望十年後、二十年後開出自己希望的花朵，今後播下的種子將決定一切。

只要從現在開始播下好的種子，你的未來必定璀璨光明。

松下幸之助與松井秀喜

有一天，松下幸之助走在碼頭上，突然被一個壯漢撞落海。身旁祕書緊張地問：「先生，您沒事吧？讓我去跟他理論！」

你們猜，松下幸之助當時是怎麼回答的？

一般人被莫名撞進海裡，都會有種「受侮」的感覺，會想追上前去要對方道歉，甚至要求對方負擔洗衣費用等。但松下幸之助卻說：「還好現在是夏天。」並對原本打算與對方大吵一架的祕書說：「你還真是愚蠢，就算現在去跟對方討公道，我就能不掉進海裡嗎？如果可以，你想怎麼做我都不會攔你，但那是不可能的。『討公道』並不能改變我已經落海的事實，還是趕路要緊吧！」說完，便拍拍濕透的西裝外套，繼續快步向前。

從故事中我們了解到，因為松下幸之助認清「落海」這個事實不會因為「討公道」而有所改變，與其為了無法改變的事實生氣，倒不如專心迎向未來工作，這才是最重要的，所以才會出現這樣的反應。

效力於美國大聯盟紐約洋基隊的松井秀喜，在其著作《不動心》（新潮社）中提到打擊不振時的心情。

「我必須把懊惱的情緒鎖在胸裡，否則再次失敗的機率會更高。我賭的是可以改變的未來，而不是無法掌控的過去。如果不這麼想，又怎能跟失敗好好相處呢！（中略）不管是生氣還是抱怨都已經於事無補，雖然情緒一來，自己也阻擋不了，但要不要說出口，卻可以自己決定。劃清界線後，我感覺就能掌控自己。」

電車不來、公車不來、電梯不來

人生中，有些事情可以靠自己的力量改變，有些不能。如果能清楚分辨，你就能更加有效利用時間，掌握成功的訣竅。

比方說，「天氣」是我們不能改變的。假設你和朋友相約假日時去迪士尼樂園，因為太過興奮的關係，當天起得比平時還早。可是一推開窗戶，卻發現外頭竟下著傾盆大雨，真令人洩氣，任誰都會感到討厭吧！但你又能奈它如何？儘管你集中念力祈求雨停，可是下或不下並不是你能控制的。

相反地，如果好天氣一直持續，就要缺水，田裡的稻子就會枯黃，水庫乾涸。政府或許會開始採取停水措施，更嚴重時，可能面臨沒有水喝的窘境，但這都沒有辦法讓天下雨。

仔細想想，我們力有未逮的事情還真多。

等了半天，電車不來、公車不來、電梯不來，有些人看電梯遲遲不來，還會不耐煩地一直去按上下鈕。但不管你是按一次還是五次，電梯都不會因為你按的次數而改變它的速度。大家都把能量浪費在改變不了的事情上。

天晴開心、下雨開心，不管發生什麼事情都開心

那麼，該怎麼辦呢？

請試著稍微改變自己的想法，以及努力的方式吧！

首先，要把能量集中在「可以改變」的事情上，並思考如何接受「無法改變」的事實。

「天晴開心、下雨開心，不管發生什麼事情都開心的話，就會生意興隆」，我非常喜歡這句話。這是我在一個名叫《生意興隆法則》（藤井勝彥著）的電子報上看到的。

整段文章是這麼寫的：

「烈陽下工作時，通常我們會抱怨：『好熱喔，真是受不了。希望

天氣趕快轉涼』、『怎麼不是陰天』；遇到下雨時又會說：『衣服都濕了，真討厭』、『撐傘真麻煩』、『下雨開車視線不好，真討厭』……但不管是晴天或雨天，我們都該心存感激才對。

請努力將以自我為中心的想法，轉變成格局更大的想法。不只是天氣，如果發生對自己不利的事情時，要練習讓自己養成一種在對事情感到不滿前，以一個整體性、全球性的觀點來看待事物的習慣，因為這將為你帶來真正的幸福與成功。」

不要只用單一觀點來看待事物。如果能從不同觀點，就可以看到其他不同的面向。

比方說，下雨了，因為那是無法控制的事實，所以不要再說「討厭下雨天」、「為什麼要下雨」之類的話，而是要想成「下雨了，真是天降甘霖呀」，或是「農夫們一定很開心吧」之類。

我們無法改變別人

如同「過去」一樣，我們也無法掌控「他人」。不能因為你是主管，就想掌控下屬；也不能因為你為人父母，就想掌控子女。

以我為例，在公司草創初期，因為業績一直不太理想，讓我總是在想：「要怎樣才能帶動下屬」、「不知道有沒有帶動下屬的技巧」。

那時，我正好參加一個研討會，便向授課講師提出我的疑問：「請問老師，如果您的下屬不願聽從命令的話，您會怎麼做？是不是有什麼訣竅呢？」

聽完我的問題，那位講師臉上露出一副難易置信的表情。「你在說什麼？基本上，你會有想要操縱別人的想法本身就很荒謬。身為主管，打造一個可以讓下屬自動自發的環境，這才是最重要的。」

講師的一番話讓我瞬間啞口無言，就好像被人用球棒打到頭一樣。

因為在這之前，我想的都是「要如何讓下屬照著我的話做」，但這個想法本身就是錯的。無論主管的做法或想法有多正確，如果下屬不能認同，並主動去做的話，那麼一點意義也沒有。即使勉強下屬去做，能在短期內收到成效，但肯定無法持續，也無法得到期望的結果。

「會有想要操縱別人的想法本身就很荒謬」，這句話對我有如當頭棒喝。從此開始，我徹底改變自己的管理方式，讓自己變成如同片場場務般的角色，作為專門提供下屬協助的人。我發現，這樣的轉變似乎讓下屬們變得更積極、更有自信，公司業績也跟著開始上揚。

很多父母希望把孩子教養成自己心目中的理想模樣，所以勉強孩子讀書。但與其勉強孩子讀書，為人父母者更應該先想想，「該怎麼做，才能讓孩子主動讀書」。

一旦誤解「愛」這個字，濫用父母權限，強迫不聽話的孩子做事，是無視孩子人格的任性父母。我希望這些父母都要學習什麼才是真正的愛。

情緒對行為的影響很大

「情緒」對「行為」的影響很大。

比方說，在一家放映黑道電影的戲院門口稍作觀察，會發現出場的每個人幾乎都雙肩聳起、眉頭緊鎖，一副想找人尋仇的樣子。我想那是因為受到戲劇張力的影響，才會每個人下意識都變成了這種態度。

看完矢沢永吉演唱會的聽眾也一樣，每個步出會場的人，幾乎都變成了「他」，因為外在行為已經在不知不覺中，受到情緒的影響。

一家我常去的健身房，他們會在跑步機前裝設小電視。

有次，當我一邊跑步、一邊盯著銀幕上正在播放的煽情電視劇時，突然感覺心情也跟著萎靡。但如果看的是搞笑節目，就會覺得跑起來似乎沒有那麼累，而且還愈跑愈開心。就連不是專心看的電視節目，都會影響行為呢！

「情緒」與「行為」就像汽車的兩側車輪。

你能做到一面高興跳著走，又一面生氣嗎？很難吧！高興跳著走是開心時會有的舉動，但要一面高興跳著走，又一面生氣卻很難。

一流與二流的差別

在這世上，存在著「可以改變」與「不可改變」的部分。其中，「情緒」是屬於「可以改變」的，因為我們可以控制自己的情緒。

你是否曾對他人的工作效率、態度感到不耐，總認為對方動作溫吞，沒有條理？這種時候，儘管你想讓他的工作速度變快或是更有條理，都不是件容易的事。但改變煩躁的自己卻很容易，只要改變自己的想法、看法，就能不生氣、不煩躁。

許多成功的人都是懂得控制自己情緒的人，像美國職棒大聯盟（MLB）中的一線球星，各個都很懂得控管自己的情緒。印象中，觀看MLB轉播時，每個一流投手只要踏上投手丘，就會面無表情，讓人無法看透他的情緒。

比方說，效力波士頓紅襪隊的松坂大輔投手，每次記者會上總是笑容可掬，憨厚的說話方式也充滿魅力。

可是只要一踏上投手丘，就好像突然變了個人，因為你無法從他臉上讀取任何表情，那全是因為他能掌控自己情緒的關係。

不只是松坂，其他一流投手為了不讓對手從自己臉上表情猜測出想法，站上投手丘時，都會盡量保持面無表情。

愈是高段的人，愈懂得控制自己的情緒。懂得控制情緒的人，大多情緒穩定，能專心處理工作，事事冷靜以對。

生氣是因為欠缺考慮，終要後悔

松井秀喜不管什麼時候，與媒體間的應對都相當得體，而他的紳士風度也贏得許多人的讚賞。

他在《不動心》中提到：「我相信媒體的提問，並不是要刻意激怒我。老實說，我當然也會生氣，但換個角度想，記者們之所以會問那種問題，也是為了工作，並不是他個人對我的偏見。既然如此，我就告訴自己，不管是什麼問題都要誠懇回答。」

「一朗曾經說過，選手與記者間，應該相互切磋、琢磨，我也認為那是最理想的。但在相互成長的過程中，難免會被一方激怒而表現出生氣的情緒。對生氣的人來說，也經常因此得到反效果。

另外，因為生氣而不說話的道理也一樣。以『畢氏定理』聞名的古希臘數學家兼哲學家畢達哥拉斯似乎曾經說過：『生氣是因為欠缺考處，終要後悔。』我對這句話的解釋是，情緒是不會顧慮到後果的，如果一生氣就大聲說話，結果經常會令人後悔。」

讓我們下定決心「不生氣」

我絕對不生氣，不管發生什麼事情就是不生氣。雖然極少數情形下，我還是會生氣，但那是我經過考慮，選擇生氣才生氣的。

即使我的太太將氣發洩在我身上，我也不會生氣，因為我不會用我的情緒來對付她的情緒。

平時我常對她說「生不生氣由自己決定，但我選擇不生氣」、「如果妳想與我爭辯，我隨時歡迎。但如果只是想把情緒一味發洩在我身上，是一點用處都沒有的。」開心的是，她將我的話聽進去了，所以我們現在很少吵架，只要遇到事情，就彼此試著說出來溝通。

如果勉強另外一半接受我們的觀點，硬是把自己的價值觀套在對方身上，夫婦之間就會起衝突，說出類似「我以為你是這種先生……」、「我以為妳是這種妻子……」這樣的話，因為與現實產生落差，就會埋下日後焦慮與爭執的火苗。所以最好要能彼此磨合，共創夫妻間的新價值觀，但那得從婚姻生活中，一點一滴地累積。

讓我們下定決心「不沮喪」

我也決定不沮喪。

歷經同樣一件事，有些人會感到沮喪，有些人則不會。不管事情有多麼令人震驚，並不是每個人都會感到沮喪。

與「生氣」、「不生氣」一樣，也有「沮喪」、「不沮喪」兩個選項。要是你選擇了「沮喪」，你就會沮喪；要是你選擇「不沮喪」，你就不會沮喪。而我因為選擇了「不沮喪」，所以幾乎不會沮喪。

與至愛的雙親死別、孩子的意外死去、與許諾永不分離的戀人分手、用生命打拚的事業失敗……人生中，遇到難以承受的重大打擊時，就算當下失意萬分，終究還是能恢復精神。

雖然人面臨重大打擊時，會沮喪、會難過、會食不下嚥，會失去氣力、體力，彷彿行屍走肉般，但只要有想拚命活下來的意志，就一定能克服。

「遺忘」是上天賜給人們的禮物，靠著時間的力量，心裡的傷口總有一天能慢慢癒合，恢復健康。

那麼，到底需要多久的時間才能復原？

這點每個人都不一樣，但既然如此，當然是愈短愈好。把有限人生拿來沮喪，不是很可惜嗎？所以我決定不讓自己沮喪。

為了不沮喪，我會控制自己的情緒。「煩惱」、「不煩惱」也一樣。煩惱是很浪費時間的，所以我也決定不讓煩惱來困擾自己。

停止怪罪他人

即使決定「不生氣」、「不沮喪」，但還是有很難做到的時候，特別是在發生令人討厭的事情時，我們很容易就會去怪罪別人，但其實責任都在自己。

比方說，捷運因故誤點，讓你無法準時赴約，那是誰的責任呢？

「當然是捷運公司的錯呀！」或許你會這麼回答。

但真的是這樣嗎？

雖然發生事故的責任在捷運公司，但一廂情願認為捷運一定準點而選擇搭車的是你自己。也就是說，遲到的責任還是在你身上。

在你身邊一定也存在著遇到問題，總是先怪罪他人的人。這種人只會抱怨，什麼問題都解決不了。一旦問題發生，只會推說「原因不在我身上」，完全提不出具建設性的建議，讓事情有所進展。

要求他人負責很容易，我能理解這種心情，但要求他人負責並不能解決問題。唯有自己覺知要為自己負責，才能意識到自己才是當事人。

任何問題只要深究下去就會發現，其實很多時候，責任都在自己身上，不能推說「這不是我的問題」，就裝作不知道。

很多人會到酒店大發公司牢騷，像是「今天工作上遇到了……事情，真討厭」，或是「有個討厭的客戶……」但如果再仔細想想，並不是因為他們討厭這份工作，而是因為工作上突然出現了意料外的變故，才會讓他們感到厭煩。

發生在這世上的任何一件事，是開心、是討厭，全由你自己決定。影響你的不是事件，而是你對它的解釋。

事件本身沒有任何意義，因為賦予事件意義的是我們。

每個人一天中都要做出幾百個，甚至幾千個決定。而由自己的決定所結出來的果，最終還是會回到自己身上。所以，每個人必須為自己的人生負起全責。

即使照別人說的做，失敗也得自己負責

其實，我還滿常採納別人意見的。比方說，我就讀的高中並不是自己特別想讀的學校，只因為父母親都說好，那就讀吧！

高中時代，我也沒什麼特別想做的事，只因為姊姊說：「男人要是不會彈個一、二首吉他就太遜了！」所以我開始玩音樂。也因為這樣，到了大學時代還組了個搖滾樂團。

找工作時也是。因為沒有非進不可的公司，也沒有特別想做的工作，所以當時就抱持著「有哪家公司先錄取我，就進那家公司」的想法。

但我真的討厭「跑業務」這件事，偏偏我又生在傳統上班族家庭，覺得一旦進到某家公司，就得從一而終。

儘管我討厭跑業務，但「離職」仍舊不是我的選項。我的想法是，只要做出好成績，就能升上管理階層，開始帶人，到時根本就不需要我親自跑業務。所以我努力拚業績，成為公司有始以來最年輕的業務經理。

我在二十八歲那年獨立創業，但沒有想到要做什麼，只是決定離開公司。當我把想法告訴一位比我早一年另起爐灶的好友時，他對我說：「那就來我公司一起打拚吧！」我心想：「這樣也不錯」便答應了他。

沒想到就在離職前一個月，我將消息正式告知下屬時，居然有幾個人對我說：「既然這樣，我們也要走。不如我們自己開公司好了。」我想了想，似乎也不錯，就把這件事情告訴我的好友，並照他們說的，開了一家公司。

公司成立後，一起經營的夥伴又說：「既然要做，就要做到讓股票上市，成為業界第一。乾脆我們把別家公司也買下來好了！」我又想了想，「也不錯」，就真的去併購別家公司。之後，大夥又說要讓「股票上市」，我又想，「也不錯」，就讓公司股票上市了。

在我面前，經常會出現好幾個選項，我就從中選擇認為好的選項，一旦選擇好後，便全力以赴。

控制情緒的練習——不闖紅燈

相信絕大多數的人遇到紅燈，只要左右沒有來車，就會闖過去吧！或是在很少車輛行經的窮鄉僻壤、深夜寂靜的街頭、感覺沒有必要設置紅綠燈的地方，即便紅燈亮著，絕大多數人也會無視它的存在，貿然闖過。

有時，甚至原本一群乖乖等待的人中，只要有其中一人闖紅燈，其他人也會跟著闖，就好像有一個人這麼做了就「隨便啦」的心態。

但是，我絕對不闖紅燈。

不知道大家有沒有聽過「四九比五一定律」？

意思是說，我們心中隨時都有兩股力量在拉鋸，這兩股力量勢均力敵，可是多半會在五一比四九的時候分出勝負。

現在經常耳聞公司或個人發生監守自盜的舞弊事件，但調查後發現，這些犯案的人都不是一開始就心懷不軌，而是在惡心占五一、良心占四九的拉鋸迷惑中，鑄下不幸。

人只要一缺少向善的心，壞的念頭就會占滿心頭。正因為人類是如此脆弱的動物，才更需要鍛鍊我們的良心，不讓惡心有機會長養。

因此，我把不闖紅燈當作長養「善心」的訓練。

但除此之外，其實還有另外兩個重要理由。

一個是要當孩子們的榜樣。因為孩子是肩負社會未來的重要人才，我很擔心他們看見大人闖紅燈，也有樣學樣，因而造成什麼無法挽救的閃失。

最後一個理由很單純，那就是我希望自己能過著有餘裕等待紅綠燈的人生。

不管是做出「生氣」、「不生氣」的判斷，或「沮喪」、「不沮喪」的判斷，都沒有人打從一開始就是百分之百的「生氣」或是「沮喪」，都是在五十的前後拉鋸。當「生氣」占了五一，「不生氣」占了四九時，便動了怒。人心就是那麼微妙。不闖紅燈也是控制那細微差異很好的訓練。

PART

2

告別生氣、煩躁的25個習慣

第4章

不再感到「煩躁」的習慣

「生氣」大多出現在精神緊繃、感覺時間逼近的時候。
因為心裡充滿壓力，很容易因為一點芝麻小事就動怒。
就像裝滿水的杯子，只要投進一枚硬幣，就能讓水溢出。
所以，最好養成不累積壓力的習慣。

習慣1 有疑惑就不做決定

我不會在疑惑時做決定，因為有疑惑就代表心裡不安，一定有某個理由讓你無法下定決心。如果事情真的緊急，不用勉強自己，時候到了，自然就會知道該怎麼做。

那麼，人在什麼時候會採取行動呢？

對於「想像」的事情，一旦覺得有價值，就會採取行動。

想像包括對「目標」的想像，以及對「過程」的想像。

當目標具體到某種程度，例如自己清楚知道「要是能夠……就好了」、「就是要……」時，或是能夠想像過程，一定是先這樣、再那樣時，自然就能做出決定。

所以一旦出現疑惑，不用勉強自己做出決定，只要把它放在腦中某個角落，並著手蒐集資訊，最後再根據資訊做出自己認為最好的決定就可以。

習慣2 善用自己的缺點

每個人都有缺點，而且缺點通常是讓我們感到煩躁的源頭，但我們還是能透過「轉換想法」來順勢運用，就能減少煩躁，讓自己做到不生氣。

以我為例，我沒有能耐同時進行好幾件事，一旦得同時推行數個專案，就會感到非常吃力，內心承受莫大壓力。在這種狀態下，只要一點小事就會讓我氣得跳腳。

而我的解決辦法，就是讓自己盡可能只專心在一個專案上。當專注力發揮的同時，自然就能做出適切的選擇，讓事情往好的方向發展。

只要能夠專注，就能發揮足以擊碎岩石的驚人威力。但要是這也想、那也想，對什麼都有興趣，讓力量分散的話，反而什麼都做不好。

習慣 3 總是做最壞的打算

我的個性因為太過謹慎，似乎顯得有些神經質。神經質當然是比較負面的特質，所以每當開始準備做一件事情時，總是三思再三思，擔心得不得了，「萬一發生這種意外怎麼辦」、「會不會還有這些風險」等。

人們常說世界上有三種人，分別是「先思考再行動」、「一邊思考一邊行動」、「先行動再思考」。我相信自己是屬於第一種，一定要先深思熟慮，才會實際行動。

一旦實際行動之後，先前預設的風險可能會一一發生，但因為已經想好應對方法，所以心情比較從容。即使面臨最糟糕的情況，也能將損失控制在最小，讓態勢得以轉圜。

「用最壞的打算，過最好的人生」是我的座右銘。

Tully's Coffee創辦人松田公太在他的著作《全都開始於一杯咖啡》（新潮社）中提到，開第一家店時，他那令人感興趣的危機管理概念。

松田為了在銀座的黃金地段開設第一家Tully's Coffee，不惜背債七千萬日圓。當時他擔心，「萬一失敗，這七千萬要怎麼償還？」

接著，他腦中又閃過一個念頭，想到如果真的失敗，還可以到便利商店打工。在時薪八百五十日圓的便利商店打工，一天工作十五小時、每週只休一天的話，一個月的收入約介在三十三萬至三十四萬日圓。要是再加上太太的收入，每個月起碼可以償還四十萬日圓，不算太壞。當他把風險計算到這種地步時，便感覺鬆了一口氣，「原來如此，不過就是這麼一回事」。

「最壞的打算」是指預設一個最糟的結果，並做最真實的想像。

在開始展開一段新事業前，我會蒐集很多負面資料，想像「萬一發生這種事情，一切就完了」、「一旦情況演變到這個地步，就沒工作了」，盡可能去看、去聽各種負面訊息。如果之後還是想「做」，我就會開始著手，全心投入。

對於股票投資我也有類似想法。我把投資股票當成學習，不管是哪家公司的股票，只要貶值百分之二十，一定馬上賣掉。不管金額是五百萬、還是一千萬，只要貶值百分之二十，就「到此為止」。

這個方法的好處是，我可以預想得到自己的損失大約會是多少。因為已經有了個底，所以心理上會感覺「就算失敗了，最差也不過如此」，甚至有時還能做更大膽的投資。但如果沒有預先設想，會因為不知道「到底要損失多少」而心生畏懼，最後可能連買也不敢買。

如果沒有做最壞打算，當手中的持股股價持續下跌時，會以「說不定就要漲了」來說服自己。這種憑空的期待，反而會讓自己損失更多。

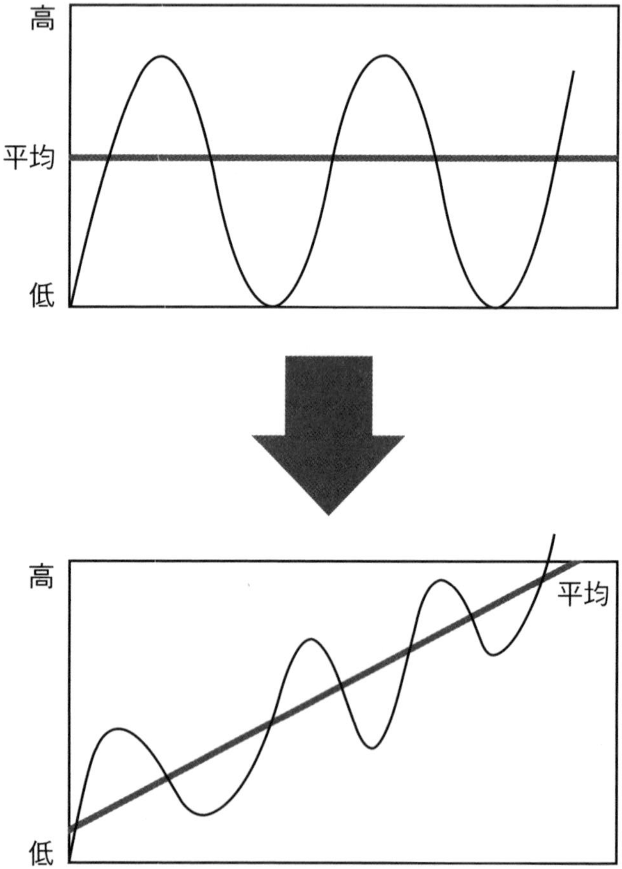
高
平均
低
高
平均
低

進行風險管理時，唯有做最壞打算，才能大膽行動，做出明確判斷，把損失降到最低。走中道結果，就是讓曲線朝右上方成長（如下圖）。

「大起大落」不會帶來好結果。我深信自己正是因為用了這樣的方式，才能把損失控制在最低，也才能讓曲線走在朝右上方成長的好的人生道路上。

習慣 4　重視準備，製作「行前檢查明細」

在吉姆・唐納文（Jim Donovan）的《九堂成功人生的必修課》中，有這麼一段內容：

「如果你打算趁著假日出國旅行，會選在出發當天才耐著性子去排隊買票，等到好不容易輪到你時，再把沉重行李放到地上，跟櫃臺人員說：『我要去旅行，隨便哪裡都好，請給我機票』嗎？

當然不會。應該會和家人仔細討論並決定旅行地點後，再來安排時間、規畫交通、預約住宿，以及旅行中的細節，花上幾個月時間來準備吧！也會一邊想像站在目的地的自己，一邊扳起指頭倒數，期待出發那天的到來，讓你愈想愈興奮。（中間省略）

既然我們能為籌備旅行投注這麼多的能量，那又為什麼要將人生交給偶然？絕大多數的人都不知道自己想要什麼、想去哪裡，只是過一天算一天。將能量投注在規畫旅行，而不是自己的人生，這雖然令人難過，但卻是事實。」

「準備」非常重要，確實做好準備，事後才不會讓自己後悔、煩躁。

所謂「規畫」就是擬定抵達終點的方法及步驟。

也就是說，要先想像終點，才能進行規畫。

以富士山為例，同樣以攀爬富士山為目標，但方法卻因人而異。有些人選擇靠著雙腳一步一步往上爬，也有人選擇開車到半山腰後，再開始爬。但如果無法想像攻頂畫面的話，就要另做規畫，重新想像也是很重要的。

而且，爬富士山與爬聖母峰、筑波山的所需裝備不一樣，準備時間也不同。如果是爬聖母峰，行前準備就不是爬筑波山的裝備所能應付的。但如果因為是聖母峰，就「那也準備、這也準備」慌了手腳也不行，必須冷靜想好抵達終點前，得依序經過哪些路段？做些什麼？才是擬定有效計畫的訣竅。

換句話說，擬定計畫的過程包含兩個面相，一是條列必須做的事情，二是整理排序。

通常在出差或旅行前，我會對行前的行李準備下好一番功夫。

有關這方面，我們可以將男性分成兩種類型討論，一種是讓太太為自己準備行李；另一種是自己整理行李。

我是後者。為什麼呢？因為如果讓太太整理，要是到了目的地後才發現「〇〇忘了放」、「明明那件T恤比較好，為什麼要放這件」的話，就會不耐煩，或是對太太抱怨，那就太任性了。而且，要是真發生那種事也很麻煩。

那該怎麼做才能快樂出門呢？「自己整理行李」就是我的結論。

一些會請太太整理行李的人，想必都是個性隨和，既不會在乎T恤款式，也不怕有東西忘了帶的先生吧！但因為我知道自己是會在乎的人，所以都是自己整理，如此一來不但能愉快出門，也不會將脾氣隨便遷怒他人。

我會在家裡張貼一張「攜帶物品矩陣表」，方便出門前做最後確認。表上橫項會寫著我的目的地，像是「普通外出」、「上班」、「練少林拳」、「上健身房」等；縱項則是公事包、電子筆記本、行動電話、毛巾等必須攜帶的物品。

另外，我還會在縱項及橫項的交會處打圈，以確認該帶的東西是否都已經帶齊。比方說，每天早上出門上班前，我會檢查「上班」一欄，確認公事包、面紙、ＰＤＡ等必備用品是否帶齊；要去練少林拳時，我會確認錢包、換洗衣物等是否備妥，以此類推。

一旦有東西忘記帶，就不能把事情做到最好。好比說，忘了帶ＰＤＡ，我就會不知道那天有哪些預定計畫，也不能排進新的約會，當然心情就會煩躁、不順。因此，這個方法是我為了不讓自己煩躁所預先拉起的一條防線。

習慣5 我因為沒有自信，所以工作及生活都謹守本分

「我沒有自信」，每當我這麼說，別人就會回答「看不出來」。但，這是實話。我的個性小心，不管已經幾歲，就是對自己沒有自信。不管是上臺演講，還是參加研討會，即使到了現在，都還是誠惶誠恐。

我總是在想，「到底要怎麼做，才能讓自己擁有自信」。

我很清楚自己的個性，所以做事一定謹守分際。要是勉強做超過能力可及的事，反而會做不好，無法發揮實力，而且心中還會充滿壓力。

比方說，我就覺得與其勉強自己在一流高中成績吊車尾，不如順其自然讀差一點的高中，排名中上反而比較好。

現在再想，我的想法仍舊沒有改變。我主張「寧為雞首，不為牛

後」，與其待在領先集團殿後，悲觀覺得自己「很差」，每天壓力大得不得了，不如退一步選擇可以有不錯地位的環境，相信「只要努力，就能成功」反而更重要。

覺得自己有辦法，會比每天覺得自己很差，對未來的影響更大。正因為沒有自信，所以我這麼做，因而一路上並沒有感覺到有太多壓力。

如果我在找工作時不小心進到一流企業，而身旁又都是一流大學畢業的聰明人，每天都覺得自己比不上別人的話，或許就沒有現在的我了。

生活上我也謹守本分。很幸運的是，現在的我不需要為錢煩惱，住在一個還算像樣的房子裡，但是剛出社會的第一年，我住的是月租三萬八千日圓、沒有浴室的雅房。我不會沒錢卻打腫臉充胖子，硬是住在一個看起來有錢的房子裡。同樣地，我也不會明明有錢，卻刻意低調住在小房子裡。一路走來，我都相當安分守己。

有人月薪實領十九萬日圓，卻住在房租十五萬的大廈裡，這很清楚就是不合分際。借錢買名牌、買高級車，也是不合分際，因為他們把薪水幾乎都拿去付房租、繳貸款後，才來煩惱「這個月只剩下幾千塊生活」、「吃飯怎麼辦」、「不能跟朋友出去玩了」。

我覺得自己的強項就是「能客觀審視自己」。面對由內而發的自己的想法與觀點，我會思考「從客觀來看又是如何」。

從客觀來看，實領十九萬日圓的薪水，卻去住在一個月要十五萬的華廈裡，馬上就會知道有問題而不那麼做。

我們可以在符合自己身分地位的範圍內追求虛榮，但絕對不能追求不符合身分地位的虛榮。

習慣 6 目標盡量設小一點

我有想過自己為什麼沒自信。

回想過去，我發現自己訂的目標似乎沒有一個達成。

比方說，高中聯考。因為我沒有考上第一志願，不得已只好去讀我不是很想讀的私立高中。在當時，撇開東京幾所有名的私立高中不談，私立高中在人們既定印象中，是程度比較差的學校，特別是鄉下地方，更是這麼覺得。認為優秀學生都應該去讀縣立高中，只有差的才會讀私立學校。

大學也是。當我還是國中生時，請姐姐就讀慶應大學的朋友來當家教，一直以為自己將來也會讀慶應大學，結果還是沒考上。

找工作也是。我因為在大學玩過樂團，隱約有個想法，認為「要是能夠進到跟音樂有關的公司，或是跟媒體有關的公司上班就好了」，但因為競爭太過激烈，還沒開始我就放棄了。

總之，我沒有達成任何一個目標。我總是處在煩躁狀態，因為達不到目標而逐漸感到自卑。

應該是在我剛踏入社會的時候，突然很想訂個目標，嘗嘗做到時的成就感。大家猜猜看，當時我是怎麼做的？我盡量訂小目標，像是「把脫下的鞋子擺放整齊」、「把讀完的報紙放回原處」等。

我訂出只要稍微努力，馬上就能達成的目標，並將它們都變成「習慣」。

腦神經外科專家築山節在《健腦十五招：提高你的記憶力・專注力・思考力》中寫道：

「不管是整理房間，還是把壞了的物品送修都好，每天都要一點一點解決身旁的麻煩事。你可能看不起那些雜活，想做些更體面的事，但那也得等頭腦有了體力再說。

在額葉連續發號施令的能力減退時處理大問題，只會讓人覺得麻煩，耐不住辛苦，重新回到什麼都不做的生活。很多人一直在重複這樣的模式。

如果能每天積極處理小雜事，慢慢地，你就不會覺得那種程度的事情麻煩，也能更耐得住性子。這意味著，大腦的思考中心已經凌駕情緒中心，此時就可以試著解決更困難的問題。利用這種方式鍛鍊頭腦體力，就能在不勉強的情況下，成為有能力解決問題的人。

也就是說，**不要急著想養成很大的習慣，重要的是從小習慣開始**。

我有一位朋友，剛開始他替自己設定的目標是「把鞋子擺好」、「把上衣用衣架掛好」、「讀報」這三項。因為很快就能做到，便接著再設定新的目標，就是「好好運用午休時間」。

過去，他總在午休時間與同事閒聊或者看漫畫，但從那之後，他開始在公司練習英文會話，結果不但會話能力變好了，還成為公司董事。

只要努力，就能達成目標，就能經常嘗到成就感，最後變成習慣，形成好的循環。即使之後出現更大目標，也會知道「只要努力，就能達成」。但「故然志向要高，目標也要實在」。一個實在的目標，一定不會讓你生氣、煩躁。

習慣7 找到可以讓你稱王的舞臺

我天生反骨，喜歡和人作對。有一陣子，我的太太還叫我「反骨人」，說「人家說東你就想往西，人家說西你就想往東，真沒見過像你這樣的人」，直說很受不了我。

不管是工作，還是其他事情，「如果大家都去那裡，我就來這裡吧」、「如果大家都採取這種方式，我就用不一樣的」等，好像都在做跟別人不一樣的事；但從結果來看，或許正是因為我的反骨，才能過現在這麼好的人生吧！

為什麼我會變得反骨？原因之一，是我想擺脫壓力。跟大家朝同一方向前進，用同樣方式做事，等於永遠都在同一個舞臺上較勁，好壞一比就知道。如果差人一截，會想「我為什麼不能像那傢伙那麼厲害」、「那傢伙都做得到，為什麼我就是不行」，就會有壓力。所以，「別人如果要這麼做，我就來點不一樣的」，為自己打造新舞臺。這麼一來，因為沒有競爭對手，我也輕鬆許多。

不論是工作還是人生，我總在尋找可以讓自己稱王的市場。投入已經有很多人在的世界，會有很多競爭對手，但比我優秀的人太多了，我不可能贏，所以我用我的反骨精神，尋找可以讓我有優越感的地方，可以讓我充滿自信的地方。

自己另起爐灶，也就不需要競爭，「沒有人做這種事情」可以讓我有自信。所以，我是用我的反骨精神，尋找安身立命之地。

習慣8 清理身旁環境

想要消除煩躁，首先必須了解自己，善用自己的特質。

以工作為例，要把重要事情放在顯眼位置。

比方說，有交付期限的文件、必須盡快處理的委託書等，都要放在桌上醒目的地方；或是在PDA裡輸入當天待辦事項、近期內有時效性的工作等，這樣你馬上就能看到有哪些事情要盡快處理，否則工作愈積愈多也會讓人煩躁。

那麼桌面該如何整理、記事本裡的待辦事項又該怎麼讓它消失不見呢？

唯一的方法就是整理它、處理它。

我很愛乾淨，包括桌面及記事本內頁。因為我是屬於「乾淨整理派」，所以當我看到不整齊的地方，一定會逼自己把它清理乾淨。

習慣9 不當理想主義者、完美主義者

有些人不管是工作還是家事，一定要求做到一絲不苟，事事完美，只要沒有一百分，就會覺得渾身不舒服。

但突發狀況可能發生、身體可能臨時不舒服，或是隨著年齡增長，體力也可能大不如前，想要做到一百分，其實很難，有時無奈只能做到八十分。

雖然有八十分已經很不錯了，但對完美主義者來說，卻會覺得「怎麼只有八十分」，這也難怪會讓他們總是感到不滿、煩躁。

換句話說，不要把目標訂得太高，處處要求完美，因為要求自己做到完美很辛苦。同樣地，如果以「事事完美」的標準來要求他人，也會讓我們對做不到的人感到心煩。

在我剛當上主管時，也以成為完美主管為目標。但我發覺自己愈是

努力，似乎離真實的自我愈來愈遠。

勉強自己成為一個「理想主管」的過程，既辛苦又難熬。這時我才知道，原來不要勉強自己，用自己的方式來對待下屬才是最重要的。

習慣10 搞清楚是自己的問題，還是別人的問題

問題發生的當下，我們經常感到煩躁、生氣。一旦這個時候，就有必要先搞清楚是誰的問題。

有時我們會對別人的問題感到心煩，但那可能不是自己的問題，而是對方的問題，根本就不需要操心。

我們可以透過下頁圖示，將問題分成四種：

① 你跟對方都覺得是問題

② 你覺得是問題，但對方不覺得是問題

問題所有權的原則

問題出現時，先釐清是誰的問題

	自己覺得是問題	自己不覺得是問題
對方覺得是問題	① 共同的問題	③ 對方的問題
對方不覺得是問題	② 自己的問題	④ 沒有問題

③對方覺得是問題，但你不覺得是問題

④你跟對方都不覺得是問題

①「你跟對方都覺得是問題」，所以要共同討論、解決。同樣道理，④「你跟對方都不覺得是問題」，所以不會是讓你心煩的原因。

由此可知，問題的關鍵在於②跟③。

以②來說，「你覺得是問題，但對方不覺得是問題」，又可以分成「問題在你身上」、「問題在雙方身上」和「問題在對方身上」三種。

如果你發現是自己的問題，但對方沒有察覺，這並不會構成問題。問題的產生在於，明明是雙方的問題，卻有一方不這麼覺得，那麼察覺的一方就會感到煩躁。所以，如果是②跟③的話，就有必要搞清楚是自己的問題，還是對方的問題。

自己的問題要靠自己解決，但如果是對方的問題，你所能做的，就只有從旁協助。如果你因為對方不採取行動而感到煩躁，其實那是因為

你本身處在一個煩躁的狀態，是對事情生氣的你自己的問題。

習慣11 心中不要藏祕密

如果心裡藏有不可告人的祕密，這也會是造成煩躁的原因。

初創業的那段時間，我只公開能帶給員工正面影響的訊息，除此之外的訊息，如公司的財務狀況等，一律不公開。因為剛開始公司的營運狀況並不理想，我擔心一旦公開負面訊息，會有少數員工想要離職。但，這是不對的！

於是我問自己：「為什麼要隱瞞呢？」這才發現，其實是因為我不信任員工的原故。如果我能相信員工，一定不論公司好壞，都能據實以告。讓他們了解實情，就能一起討論該怎麼辦、該往哪個方向走。

從那之後，我毫無保留地公開訊息讓員工了解，而且很快就證明我先前隱瞞負面訊息的想法是錯的。

因為公開訊息後，不僅組織變得透明，員工的向心力也變得更強，彼此得以建立堅強的信賴關係。

我們不知道訊息會在何時、何處、對誰產生幫助，但了解的愈深，愈能讓工作優先順序變得明確，做法與成本管理意識也能跟著調整。而且，讓員工了解公司及部門狀況，也會讓他們產生責任感，為工作帶來幹勁。

更重要的是，因為據實以告，我終於可以鬆一口氣。自己一個人守住祕密是很沉重又痛苦的。所以，誠實做自己非常重要。

甚至，公開訊息還能帶來新的工作機會。

我很想在國外生活、工作，也和許多人談到我的想法，沒想到竟因此收到來自各方提供的工作機會。於是，我搬到新加坡，展開另一段新的事業。

能隨時公開訊息，也代表你掌握了那些訊息。

大家有聽過「周哈理窗理論」（Johari Window）嗎？

所謂「周哈理窗理論」是從「知道」與「不知道」兩個面向，分析「我們對自己的認知」以及「他人對我們的認知」的方法。

A 自己與他人都知道的一面

B 他人知道，但自己不知道的一面

C 自己知道，但他人不知道的一面

D 自己與他人都不知道的一面

在人際關係中容易感到煩躁與壓力的，是B、C占比較大的人；而能擺脫壓力的，則是A占比較大的人。如果能將B與C變成A，人生就會變得十分美好。但如果想將C變成A，也意味著要盡量放開自己。

雖然公開對自己不利的訊息需要相當勇氣與膽量，卻也可以因此讓你不再擔心失去想要守護的東西。

周哈理窗理論

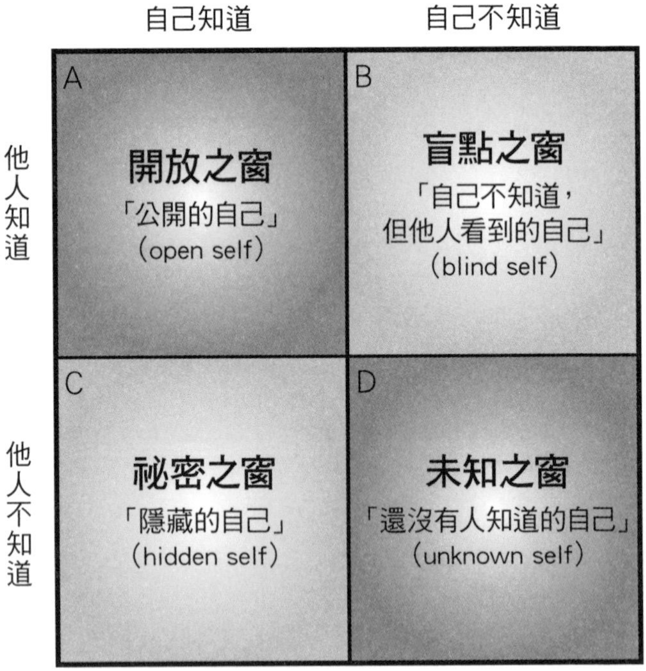
自己知道
自己不知道
他人知道
他人不知道
A
開放之窗
「公開的自己」
(open self)
B
盲點之窗
「自己不知道，
但他人看到的自己」
(blind self)
C
祕密之窗
「隱藏的自己」
(hidden self)
D
未知之窗
「還沒有人知道的自己」
(unknown self)

習慣12 盡量忘記重要事項

同時負責好幾份工作、同時向好幾個人做出承諾，腦中會因為塞滿重要事項而累積壓力。

原本人的腦容量就有限，雖然每個人的情況不同，但沒有人是擁有無限容量的。只要事情一多，很容易就達到飽和。

這時，我們可以借助記筆本的力量，讓自己也可以有「遺忘」的空間。

儘管記憶力再好，如果心裡一直掛念著「那件事一定要記得做」、「這件事絕對不能忘」的話，是沒辦法專心眼前工作的。

在這種狀態下，工作既沒有效率，也不可能得到期待中的成果。長期下來，就會開始對任何事情感到煩躁、不耐。甚至，一些真正重要的約定，也可能不小心忘記。

為了避免這種慘況發生，養成「做筆記」的習慣就很重要。用自己的方式做筆記，清楚記錄、整理所有大小事項。慢慢地，原先不安、害怕忘記的感覺就會逐漸消失，讓自己專心投入工作。

養成勤做筆記、只要一忘就馬上翻閱的習慣，效率也會跟著提高。而且，這個小動作還可以幫助你有效利用時間喔！

習慣13 盡快消除心中疑惑

我的習慣是，只要有不懂的地方，就一定馬上詢問。

過去，我曾拜訪一位自行創業的年輕老闆，想要向他請教一些問題。

「這個時候，如果是○○社長您的話，會怎麼做呢？因為我實在不知道該怎麼辦，可以教教我嗎？」

面對我的虛心請益，讓他顯得相當吃驚。因為當時的他才剛創業，而我在經營公司方面已經頗有成就。他覺得自己沒有什麼地方值得教我，於是對我說：「我覺得不裝懂、願意虛心請教他人的嶋津先生很了不起。」

我是真的不懂，所以才想請教比我了解的人。但他卻說：「就是因為這樣才叫人吃驚呀！」

遇到自己一個人想破頭也不知道該怎麼辦的事情時，要如何是好？煩惱無法解決時，你會怎麼做？

孤軍奮鬥直到找出答案嗎？忍受痛苦直到煩惱解決嗎？

雖說這樣的情操很偉大，但那只是浪費時間，一點用處都沒有。

網路上拚命搜尋，就是找不到答案，只能任憑時間分秒流逝的情形我們都經驗過。一旦這種時候，又會衍生出更多壓力。

那麼，到底該怎麼辦？

可以請教別人呀！只要請教知道答案的人，所有問題不就都解決了。

可是，這世上不敢開口問人的人好像很多。也正因為如此，這位自行創業的年輕老闆才會對我說：「願意開口問人是嶋津先生的魅力」。

千萬不要害羞，不管知道或不知道，盡可能表達自己想法是很重要的。

習慣14 不要把自己放在容易煩躁的環境

當我還是上班族時，最討厭每天搭電車上班的時候，因為你會感覺自己彷彿站在沙丁魚罐頭裡，承受來自四方毫不客氣湧入的壓力，讓人心煩不已。而且，肯定也會對之後的工作帶來不好影響。

為了擺脫這個困擾，我決定搬到電車起站的附近住。

比方說，如果要搭井之頭線，我就搬到富士見之丘附近。如果起站附近找不到合適住家，我就將租屋範圍擴大到它的前一站或後一站，每天先搭電車到起站，再從起站一路坐到公司。即使是在擁擠的尖峰時間，因為有位子坐，書讀著讀著也就到站，讓我順利擺脫了煩躁。

後來，我更進一步思考，「如何可以不搭電車上班」。

大約三十歲左右，我便開始選在公司附近租房子。直到現在，我都還是選擇住在公司附近，每天只要走路或騎腳踏車就能上班，從此擺脫擠電車的通勤生活，每天都能用好心情展開新的一天。

不過，會有想要搬到公司附近的想法，也是我創業之後才有的。當我還是上班族的那六年，每到假日，我就完全不想靠近公司所在的澀谷，只想到遠離那裡，所以也曾搬到東橫線的綱島附近。

綱島的另一邊就是橫濱。當時會想到要在綱島租屋，只是單純想讓自己能在假日時，徹底從工作中解放。但自己創業後，因為不想浪費時間，又不想再回到那令人煩躁的早晨，所以選擇搬到公司附近。

除了通勤時間的擁擠電車外，我還討厭排隊。

比方說，在迪士尼樂園排隊等待遊樂設施、排隊吃拉麵等，我都非常討厭。

最近還有一些人氣商店，往往得花上好幾個小時排隊才能進到店裡。對我來說，是絕對不可能去做那種事，所以我也不可能去那些地方。

與其排隊惹得自己心煩，我寧可選擇不要排隊，讓心情保持愉快。

習慣15 不看讓你煩躁的事情

主管在培育下屬的過程，一定要付出耐心，做到安靜守護對方。但偏偏很多主管容易心生不耐，忍不住跳出來說「那裡怎麼能這樣做」、

「不對，那麼說就糟了」之類的話。

這時，如果換做是我，會刻意選擇不去看下屬表現，讓自己離開現場。

為什麼呢？因為愈看愈會讓自己心煩，一心煩就會想批評，或忍不住下指導棋，「要這樣才對」，但這會阻礙下屬成長，所以乾脆不要看。

甚至，我還曾經為此搬移辦公桌的位置。「不好意思，我可以換個位子嗎？」就把辦公桌搬到角落，再用隔間隔開，讓自己眼不見為淨。這樣一來，不但可以讓我擺脫煩躁，也可以讓下屬自由成長。

習慣16 不要單方面說不停

呼吸是吸氣加吐氣，溝通也是。A講話、B傾聽，接著換B講話、

A傾聽，這樣溝通才算成立。有呼有吸才是理想的溝通。如果只有A說不停、B只能乖乖聽話的話，那就痛苦了，彷彿A不斷吐氣、B不斷吸氣。

我在研討會時，會不斷提醒自己一件事。

過去的研討會，很常出現臺上講師說不停，臺下學員只能安靜聽話的情況。從溝通的呼吸來看，讓學員有機會傾吐是很重要的。所以我會問很多問題，安排發言時間，讓學員們有互相討論的時段。

平時說話也一樣。小組中，有些人永遠扮演著說話角色，有些人則永遠扮演著傾聽角色，但這不管對哪一方來說，都很辛苦。特別是那些話匣子一開就停不下來的人，更要時時提醒自己，別忘了停下來聽聽別人怎麼說。

日本名主持人島田紳助與明石家秋刀魚，感覺上似乎都是他們單方面在說話來逗笑來賓。事實上，他們也會製造機會給來賓發言。

總而言之，有吐有吸的溝通才是最重要的。

習慣 17 秉持三合主義

我的一位老長官曾在某人婚禮致詞時提到：「夫妻要重視三合主義」。因為是在婚禮這種正式場合，我以為他要說「三愛主義」（譯按：日文的「合」與「愛」音同），結果原來是「三合主義」。

「三合」如果用中文解釋，意思是互助、互享、互讓。他勉勵新人「一定要謹記三合主義，用心經營幸福生活」。

我覺得他的話非常有意義，所以往後每當我受邀在婚禮上致詞時，總是喜歡引用他的話。

三合主義不僅適用於夫妻關係，也可以應用在所有的人際關係上。只要能對人存有互讓、互享、互助的想法，即便是只有一點，那麼心煩、生氣的機會也會跟著減少。

習慣18 有把握就放手去做

有時，在我內心會出現「我想這樣做」、「我想做什麼」的想法，可是當我以一個老闆的身分來看時，就會變成「應該這麼做」；當我以一個主管的身分來看時，又會變成「非得這麼做不可」。

為什麼會有這樣的落差呢？「明明覺得這麼做一定比較好，為什麼偏偏要拿『應該如何、如何』的論點，來說服自己非得這麼做不可呢？」搞得自己每天煩躁不已。

後來我發現，自己會有「想做這」、「想做那」的想法沒有錯，而身為老闆有身為老闆的想法、身為主管有身為主管的立場也沒有錯。

針對同樣一個A事件，每個人都可以有自己的看法，沒有誰對誰錯的問題。只要對自己的做法與想法有信心，都應該堅持自己的意見。

當然，堅持的必須是「好」的意見，是奠基在正確觀念下所發展出的信念。如果相信自己的做法沒錯，就要貫徹信念。

「人生只有一次」是我的座右銘。

人生路上有許多分岔路口，當我必須做出決定時，總會問自己：「人生只有一次，你真正想做的是什麼？」、「如果沒有任何阻礙，你會做出什麼決定？」

過去，在我煩惱不知道自己要做什麼時，一位朋友對我說：「人生只有一次，活出自己才是最重要的，不是嗎？」這句話點醒了我。從此之後，只要我想做什麼，就會積極去做。

當我開始善待自己的想法後，突然間，我發覺自己變得更自在，也開始獲得周遭人們對我的贊同，人生各方面開始往好的方向發展。

所以，在沒有太大問題的情況下，人其實是可以依照自己的想法，活得更加為所欲為。

可是，請大家不要誤會，雖然可以依照自己的想法來做，但如果觀念錯誤又一意孤行的話，就是胡來、任性、利己主義、搞不清楚狀況。

我聽說最近有愈來愈多家長不願繳交孩子的營養午餐費，而且那些都是家庭環境還不錯的家庭。理由只是因為「別人都可以不繳，為什麼我們要繳」、「明明是義務教育，為什麼要繳營養午餐錢」還振振有辭，這簡直就是胡來、任性、利己主義、搞不清楚狀況。

我深深地為生長在這種家庭下的孩子未來感到悲哀。

第5章 讓自己舒服的習慣

想要控制情緒，就必須讓自己「感到舒服」。只要知道自己在什麼狀態下舒服，再刻意營造出類似的環境，就能讓情緒維持穩定，告別煩躁。

習慣19　肯定自己的成長

剛開始工作時，由於我的薪水實領只有十五萬日圓，因此只能月租三萬八千日圓的雅房。但雅房沒有浴室，所以得到公共澡堂洗澡，而且最晚一定要在十一點三十分前趕到，否則澡堂就關門了。

為此，我必須經常趕搭十一點由澀谷發車的電車。甚至，我還曾經因為擔心澡堂關門，而從聚會場合先行離席。

對那時候的我來說，搬到有浴室的公寓就是我的目標，可以讓我不用在意澡堂時間，盡情玩樂。

而且，當時我的一天花費也不能超過三千日圓。為了控制花費，我會每天上班前，先到住家附近的銀行領完當日生活費後才去上班。日子過得非常節省，就連一瓶一百一十日圓的果汁也捨不得買。

如果有剩餘的錢，就全放進撲滿，等存到一定數目後，再拿去喝酒。工作幾年下來，當我口渴開始捨得買果汁時，也讓我有了自己手頭變得寬裕的感覺。

還有，以前我一直很想在下班回家洗完澡後，睡前喝罐冰涼啤酒，但都做不到。可是，當我可以開始不用在乎喝酒的錢時，也讓我覺得自己好像變有錢了呢！

雖然這些都只是生活中的小事，但如果能注意到這些變化，並給自己一些獎勵，對於解除煩躁及緩和憤怒情緒是很有幫助的。

習慣20　從小事上讚美自己

我會自己讚美自己。

比方說，和太太聊天時，我會說：「妳不覺得那樣說話的我很帥嗎？」、「但是，我很喜歡這麼做、這麼說話的我呀！」

只要聽我這麼說，太太就會回答：「你在老王賣瓜吧！」

「對呀，因為沒有人誇我，只好自己來囉！」

從小事上讚美自己很重要。雖然只是小事，但如果完成時能稱讚自己，就能逐漸累自信，擺脫壓力。

達成小目標時也一樣，要常對自己說「好棒」來鼓勵自己。好比說，一早把當日待辦工作完整列在便條紙上，如果下班前全部完成的話，就對自己說「我好厲害」。

即使有些超時，也要告訴自己「我真不是蓋的」，藉此為一天工作做個總結，在心態上做個切換。

以我為例，我還會根據自己在一整年內完成多少目標，來決定給予自己什麼程度的「獎賞」。

每年一月分時，我會訂出個人目標並寫進PDA裡。

因為是個人目標，所以內容各式各樣，像是「達成預定營收」、「獲利率達百分之七」、「取得少林拳兩段資格」、「熟練日常英語會話」等。

而且，我也會大概想好達成目標時，要給自己什麼樣的獎賞。比方說，「十二月剛好要驗車，乾脆換臺新車好了」等。

我也會在聖誕節前夕，回顧一整年的目標達成情形。如果覺得「今年都很努力」的話，就會送給自己想要的東西，像我已經買給自己一部車子和一件外套了。

但如果覺得「今年好像有點偷懶」，或是「還差那麼一點」的話，雖然想要的東西不會買，但還是會慰勞辛苦了一年的自己，像是帶家人到餐廳吃吃飯，鼓勵自己再加油。

習慣21　知道怎麼做能讓自己感到舒服

如果知道做哪些事情可以讓自己感到舒服，就能在沮喪、悲傷、不順心或煩躁時，將自己放到那樣的環境中。

以我為例，我會到中目黑的星巴克，或是住家附近一家名叫「米開朗基羅」的咖啡廳，點一杯香檳，坐在露臺上，漫無目的地眺望遠方或看書。

健身房的頂樓餐廳也是我愛去的地方，雖然那裡是會員專區，但會去的會員不多，所以經常沒什麼人。在那裡自己一個人靜靜地吃午餐，心情也會跟著平靜下來。

替自己找出幾個可以讓心情變好的地方，對控制情緒來說是很重要的。將自己投身在那樣空間，可以幫助我們消除當下鬱悶、煩躁的情緒。

如果心情真的糟到不行，我會到城之島。那裡是我最愛的地方。在三浦半島的城之島的小山丘上，有一條長椅。我很喜歡坐在那條長椅上，靜靜地看著前方海洋。

當我遇到無法忍受的事情，或是情緒很難平復時，我會開車到城之島看海，感受海洋、感受自然、感受微風。經過海浪洗滌，心裡的疙瘩也會一點一點地消失。

習慣22 珍惜早晨時光

「早晨」對控制情緒來說，是一段非常重要的時間。

我會請太太不用為我準備早餐，因為我想依照自己的節奏，平穩度過。

比方說，我習慣提早出門，找一家咖啡廳或餐廳，一邊吃早餐，一邊看報紙。我的一天就是這樣開始的。

我會靜靜看著自己，思考自己的夢想與目標，或是想想「今天有哪些事情要做」。為了能以愉快心情展開一天，一定要把當天該做的事情整理好，再放進自己的腦袋中。

此外，為了能舒服起床，我很講究鬧鐘的鈴聲。不管是「滴滴滴」

還是「嗶嗶嗶」，或是音樂聲，都會影響醒來後的心情。

也因為如此，為了找出可以讓自己舒服醒來的聲音，我經常換鬧鐘。這是我為了以愉快心情迎接早晨所做的努力。

最近，我常靠著陽光起床。

人類本來就是過著「日出而作，日入而息」的規律生活。

據說，人體的生理時鐘位在兩眼間、一個被稱作「視叉上核」的神經細胞群裡。當視叉上核接收到晨光的訊息後，就會下達「起床」指令；接收到夜晚昏暗的訊息後，就會發出「睡覺」命令。所以，我會刻意不緊閉房內窗簾，目的就是為了讓視叉上核能在每天早晨時，自然照到太陽光線。

習慣23 請身旁的人列出自己五十項優點

有次，我參加某個研討會，而每個參與研討會的人都必須完成一項作業，「請身旁的人列出自己五十項優點」。

回家後，我請與我最親近的太太幫我完成。太太努力一邊想、一邊寫，終於列出五十項我的優點，像是「記得紀念日」、「永遠把我放在心上」、「努力工作」等。

看完之後我非常開心，因為五十項中，有些是我意料中的，有些是我意料外的。這讓我在感動之餘，也重新發現自己的優點，「原來太太是這麼看我的」、「原來她是這麼想的」。

如果只是請旁人寫出十個，那麼寫出來的答案大概連自己都猜得到；但如果是要寫到五十個那麼多，不仔細想想還真是寫不出來。

所以，愈是寫到後面就愈讓人感動，而這也帶給了我更多勇氣與信

妻子列出我的五十項優點

我的優點／強項

（50項）

(1) 凡事謹慎
(2) 公平
(3) 以對方為重
(4) 冷靜
(5) 會唱歌
(6) 懂得拿捏
(7) 乾淨
(8) 一板一眼
(9) 正向思考與行動
(10) 有計畫性
(11) 注意飲食，多吃蔬菜
(12) 表達感謝
(13) 不生氣
(14) 懂得傾聽
(15) 言出必行
(16) 會找時間運動
(17) 每半年檢查一次牙齒
(18) 很會逗人開心
(19) 不抱怨
(20) 不說人閒話
(21) 孝順父母
(22) 體貼
(23) 努力
(24) 積極正面
(25) 有時間觀念
(26) 一定慶祝兩人的紀念日
(27) 一年送一次禮物
(28) 一年帶我出國旅行三次左右
(29) 晚歸時一定會聯絡
(30) 會幫我預錄節目
(31) 我沒煮飯不會生氣，會自己解決
(32) 有事馬上找我商量
(33) 願意溝通
(34) 經常找時間回雙方父母家
(35) 有時間就會去掃墓
(36) 不浪費
(37) 經常看著我
(38) 很會誇人
(39) 耍帥
(40) 今日事今日畢
(41) 身體靈活
(42) 消息靈通
(43) 用功
(44) 小事也會認真思考解決方法
(45) 能力好
(46) 讓人有安全感
(47) 有信用、值得信賴
(48) 寬宏大量
(49) 有很多創意
(50) 想法天馬行空

心。

現在，這張表被我當成寶貝貼在書桌上。你要不要也請身旁的人為你列出五十項優點呢？

習慣24 表達彼此的感受

「讓別人知道自己感受」是一件很棒的事，因為可以加深對彼此的了解。

比方說，主管與下屬可以透過「溝通」來確認彼此將如何推展工作。主管不但要了解下屬對自己的期待，也要表達對下屬的期望。

此時，重要的是「表達彼此的想法」。如果只有主管單方面說「我希望你成為……的下屬」、「我希望你做……工作」是不夠的。

雖然我們都想成為重視下屬的主管，但那真的就是下屬的理想主管嗎？光憑主管個人一廂情願的想法是不夠的。

此外，一些愈是棘手的事情，就愈難解釋清楚。暫且撇開時間、地點、交情深淺等因素，即使是對的事情，有時也會令對方難以接受。可是不說出來，又會氣惱「怎麼他就是不懂」，而讓自己更加煩躁。

比方說，太太對每天晚歸的先生不滿，但她沒有說出口，只是將這樣的不滿放在心裡，任憑它累積高漲，自己仍舊一語不發。

「我要做家事，又要帶小孩，真的已經精疲力盡，為什麼就不能體諒我一下呢？」她很希望先生能主動察覺自己的心情，所以忍住不說。但如果自己不說，只是期待別人來主動了解，是很難的。

另外，有時我們會擔心說出口的話會令對方難受，而將該說的話又吞回肚子裡。但如果你是真心為對方著想，就不需要考慮那麼多，也不用擔心對方會怎麼想，因為對方一定能夠懂得。

習慣25 禁止說「好累」、「沒時間」、「好忙」

為了確認自己可以控制情緒，你可以試著設定一些判斷的標準，比方說遣詞用句。

以我為例，我會禁止自己說「好累」、「沒時間」、「好忙」這些話。因為如果我能輕易說出口，就代表我沒有控制好自己的情緒。

類似這樣，找一些可以用來判斷自己是否做到控制情緒的指標。如果發現真的沒有控制好也沒關係，你可以換個方式反問自己。

比方說，很忙的時候，你或許會在心裡嘀咕：「怎麼那麼忙呀！」這時，請你在心裡另外反問自己：「真有這麼忙嗎？」

經由這麼一問，你就能自動從不同的角度思考，拋開僵化的想法，像是「同樣工作，其他同事們不也做得得心應手嗎？」答案就會出現，也就能解開心中的煩躁。

第6章 立即消除憤怒、煩躁的11帖特效藥

特效藥1 一定是上天在考驗我

只要人活著，就一定會遇到討厭的事情。討厭的事情也會讓你想發脾氣。可是當討厭的事情發生時，我總是對自己這麼說：「一定是上天在考驗我」。

我不是一個堅強的人，所以每當討厭的事情激起我內心憤怒的情緒時，就會想要逃開。但這時我會告訴自己：「一定是上天在考驗我」藉此勉勵自己，努力咬牙撐過。

我也是為人父母，如同天底下的父母一樣，覺得自己的小孩可愛的不得了。但在養育小孩的過程中，仍不免會有讓人感覺煩躁的時候。可是，這時的情緒並不適合直接在小孩面前表現出來。

我曾經目睹一位朋友在小孩不聽話時這麼說：「我真的受夠了，你怎麼不去死！」讓我非常吃驚。

我很清楚在養育小孩的過程中，會有很多事情不如我們所願，讓人煩躁。可是，說出那樣的話，不知道會在孩子心裡產生多少不良影響，多傷他們的心。這對孩子來說，實在太殘忍了。

千萬不要以為孩子年紀小、聽不懂大人的話就可以口無分寸，其實他們什麼都懂。據說，小孩吸收資訊的速度是大人的一千倍，可見他們是多麼神祕又充滿奇蹟的生命。

如果在養育小孩的過程中感覺厭煩，不妨試著這麼想：「這是上天為了鍛鍊我的人格所賦予的修行」。

請多從孩子的角度思考，「對他們來說，什麼才是最重要的」。

特效藥2 這樣剛好

如果發生一件跟我所想不一樣的事情時，我會說「這樣剛好」。這是一句從正面來看待事實的咒語。

比方說，我請某人幫我買瓶水，可是買回來的卻是烏龍茶。如果當時正好處在心情緊繃的狀態下，可能有些人會直接破口大罵：「你是怎麼聽的！我不是說買水嗎？」但我一定會馬上說「這樣剛好」，然後腦中開始尋找「剛好」的理由，像是「這樣剛好！聽說烏龍茶可以解膩，剛好我中午肉吃太多。」就能在說出這句話的瞬間，戴上不同價值觀的眼鏡。

我也曾經遇過這樣的事情。我受託到某企業進行課程研習，因為會使用簡報，所以事先請對方公司準備投影機，但到了該公司後，卻發現對方沒有準備，可是我明明已經打電話確認過了。

「很抱歉，我們公司沒有投影機。」對方從容地說。

「天呀，沒有投影機要我怎麼上課？」雖然我心裡這麼想，但隨後我馬上試著改口：「這樣呀，那剛好可以讓我測試沒有投影機能講到什麼程度。我來試試看只用口頭介紹能不能說服學員。」因而轉念成功。

之所以有「研習課一定要用投影機」這種一廂情願的想法，是我的價值觀眼鏡所造成。因此，我試著拋開成見，戴上另外一副價值觀眼鏡，「研習課程也是能以口頭進行的」。

特效藥3 感謝惹惱我們的人

對人生氣、感到不耐、感覺憤怒時，不但要想想對方對我們好的地方，更重要的是，要感謝讓彼此邂逅的「奇蹟」。

「邂逅」本身就是奇蹟。

不曉得各位讀者知不知道，如果要和全世界六十三億人口每人見面一秒鐘的話，要花多久時間？

大約需要兩百年左右。

光是和全日本每人見面一秒，就差不多要花上四年時間。而且一人只有一秒，根本不可能有對話機會。

所以，每天發生在我們身上、看似平常的各種邂逅，其實全部都是奇蹟。

因此，不管對方有多糟糕，你必須知道，能「與他相遇」已經是個奇蹟，內心要充滿感謝。

如果對方是你討厭的人也一樣，要對彼此的相遇充滿感謝，把他當成警惕，告訴自己「千萬不要像他一樣」。

有時和人說話，說著說著會突然感覺一股怒氣沖了上來。這時，千萬不要把情緒表現出來，或是想直接找對方大吵一架。要心存感謝，謝謝對方能成為你人生學習過程中的負面教材。

特效藥4　試著換一副價值觀眼鏡

為什麼每個人對事實的解讀都不一樣？

比方說，職棒巨人隊贏球時，有人開心、有人難過；自民黨在激烈選戰中贏得勝選，有人高興、有人扼腕……每個人都是戴著自己的「價值觀眼鏡」在看待事情。

很多時候，人們之所以會感到煩躁，單純只是因為從自己的價值觀來看待事情而已。愛乾淨的人看到不愛乾淨的人會煩躁、急性子的人受不了動作溫吞的慢郎中，這些都是因為價值觀的不同，與誰好誰壞並無關係。

此時，你只要改換另外一副價值觀眼鏡，改變看待事情的角度，就能改變對事情的解釋。

事情發生時，你的看法及處置方式非常重要。

一起突發事件，可能會因為你的解釋，讓你遭受巨大影響。

職業拳擊手在賽前宣示：「輸了，我就從此退出拳壇！」結果真的引退。但幾個月後，竟又突然表示「要再度復出」，這是因為他們換了另外一副價值觀眼鏡的關係。

起初戴上的是「輸了，我就從此退出拳壇」這副眼鏡，但實際引退幾個月後，又換上了「沒必要為了這點小事引退」、「現在還不是我退出的時候」這副眼鏡，所以收回原先引退的說法。

更換價值觀眼鏡並不丟臉。且收回自己原本說出口的話，需要很大勇氣。

雖然先前在電視上宣布引退，但後來決定「還是不引退了」，大家不也都接受了嗎？

所以日常生活中，千萬不要因為「怕難看」、「怕丟臉」而讓自己綁手綁腳，因為價值觀眼鏡是可以一換再換，甚至愈多愈好的。

想要擁有多副價值觀眼鏡，就必須從多方面來修養自己。

年輕時，我因為沒有體悟到讀書的重要，所以讀得不多。但後來當我了解讀書的重要性後，便非常努力，積極從書本中汲取各種知識。

透過讀書，不僅可以讓人變得更有修養，心境也能跟著寬廣。當心境愈來愈寬廣後，就可以對事物做出各種不同解釋，這時也就不太容易生氣了。

我在出社會前，幾乎很少讀書，就連漫畫也不看。因為我很討厭鉛字，所以除了教科書外，幾乎沒有讀過其他的書。

但我一直有個疑問，從國中、高中到大學，為什麼周圍那些喜歡看書的朋友，各個都很聰明？這讓我感到相當不可思議，覺得書裡一定有什麼特別的地方，但仍舊提不起我的興趣。直到開始工作，才覺得自己應該多讀點書。

我知道自己如果從艱澀的書下手，一定過不了多久就會打退堂鼓，所以乾脆從漫畫開始，買了《Young Jump》。

因為實在太有趣了，所以我養成每到週四出刊時間，就會在上班前，到車站裡購買。趁著搭車的通勤時間，在電車裡讀完，到站後就可以直接丟進澀谷車站的垃圾桶裡，接著去上班。

從漫畫培養出讀書的興趣後，接著是小說。

我一樣由簡單的小說開始，從當時流行的赤川次郎到松本清張，後來也開始看商用書。現在，「讀書」已經成為我的興趣了。

從漫畫、小說進展到商用書是很好的訓練過程，如果一開始就從艱澀的書下手，不可能產生持續的動力，所以我從「做得到」的地方開始，逐步演進。

除了讀書之外，電影欣賞也是一種啟發見聞很好的方式。透過情節刻劃，不僅可以理解不同人的心理，想法也會跟著成長。

此外，我還會特意用「質疑」的角度來觀察身旁事物。

比方說，眼前擺放一瓶礦泉水，我不會馬上打開來喝，而會猜想它的水源地在哪？礦泉水的水質種類很多，這瓶是硬水、還是軟水？像這種包裝形式的礦泉水，一瓶定價會是多少？

即便只是一瓶礦泉水，也有許多可以思考的地方。

特效藥5 先離開現場再說

在我心裡，住著另外一個討厭的自己。

我不知道那坨黏糊糊的黑色物體是什麼，但它有時會突然露出臉來，讓我感到不知所措。

人是感情的動物，即使平常要求自己做好控制情緒的練習，可是只要有人對我們說出不中聽的話，或者對我們做出不好的事情時，還是會本能地露出想要反擊的行為，像是羞辱對方、忌妒對方，說些討人厭的話，甚至生氣等。

每當這個討厭的自己快要出現時，我會想辦法趕緊逃離現場，像是對其他人說「可以等我一下嗎？」、「我可以去拿份文件嗎？」、「我去上個廁所」等，藉故離開座位。

如果是在辦公室，我會在附近走走，或特意走到別的樓層；如果附近有門口，我會到戶外做個深呼吸，稍微平復一下心情。

身心一體，只要動動身體，心情就能得到轉換。藉著運動身體，將久坐之後、從心底探出頭來的那個討厭自己，再次封印起來。

等心情稍加平復後，再戴上別副價值觀眼鏡，將討厭的自己完全封印在心底。等到說話恢復正常，再回到原來地方，繼續未完的議題。

特效藥6　覺知深層情緒

父親對晚歸的女兒大罵：「妳以為現在幾點了，給我小心點！」女兒氣呼呼地回到自己房間，兩人關係變得更加險惡。

但這位父親一開始的生氣，真的是生氣嗎？

當情緒經過剝絲抽繭後，可以知道其實當中還包括了「深層情緒」這個主要情緒，與「表層情緒」這個次要情緒。

以這個例子來看，父親的「憤怒」是表層情緒，那麼深層情緒是什麼呢？

是「擔心」。「這麼晚了妳還沒回家，我很擔心是不是發生什麼意外」，這才是真正的深層情緒。

覺知「深層情緒」是控制情緒的重要關鍵。

這時，父親應該要客觀了解自己心裡的煩躁情緒，其實是來自對女兒的擔心。這麼一來，看到晚歸的女兒回家，說法也會有所不同，或許就會變成「怎麼這麼晚呢？讓我很擔心」、「如果妳太晚回家，大家都會擔心，以後記得先打個電話，或是傳個簡訊跟我們說一聲」。

這裡，我想和大家分享一個自己抑制表層情緒的故事。

當我和太太還是男、女朋友時，有次約會，她嚴重遲到。我的個性相當急躁，只要對方一遲到，就會立刻煩躁不已。

我打電話到她家，但都沒有人接。當時行動電話還不像現在這麼普及，完全聯絡不到她。沒辦法，「只能等下去了」。

我就這樣一直等一直等，兩個小時後，她終於出現。

老實說，在等待的過程，我不斷想著：「真是的，不等了，回家算了」、「待會見面，一定要狠狠罵她」可是隨後念頭一轉，「不對呀，遲到的她一定也很不好意思，而且其實我還是很想見到她，所以現在我的生氣，一定不是真的。」

因此，當我見到她時，努力壓抑住自己的怒氣說：「我以為我們今天碰不到面了。還好妳沒事，平安見面最重要。」

我真的很高興能見到她，也很開心一起約會，我把我的感覺直接表達出來，讓她好感動。

我想，這也成為左右我倆人生的事件。

如果我只是受到表層情緒影響，而忽略了「想見面」這個深層情緒，可能一看到她就破口大罵，那麼做的後果是我們可能就不會結婚了（笑）。

特效藥7　要經常發洩不愉快

遇到讓自己不愉快、生氣或煩躁的事情時，要適時發洩出來。否則，煩躁情緒經過累積，總有一天會爆發。

其實，人的心一旦超過所能承受的極限，就會扭曲到難以修復的地步，不好的情緒會凝固結塊。可是，如果一見到人就發洩情緒，又會成為一個別人眼中愛抱怨的人。

所以，還是要慎選發洩的時機、地點及對象。

我認為，寫部落格或日記都是發洩情緒不錯的方式。

透過文字書寫，不僅能寫出內心的變化，情緒也能同時獲得整理。很多時候，煩雜的心情就能因此得到消除。

即便不能消除，有時在書寫的過程，也能知道自己下一步該怎麼做。

或者，找個知心好友向他傾訴。

如果有人願意讓我們傾吐心中煩悶，也可以讓心情輕鬆些。悶在心裡想靠自己解決，只會讓心情更加鬱悶而已。所以，一定要找個無話不談的朋友。

我很崇拜一位「大哥」，他是我在上班時期的前輩、經營夥伴。和他在一起時，我們無話不談。從享樂、異性到正經公事，任何事情都能暢所欲言。所以只要我有事情，就會想找他喝酒，說給他聽。而這位前輩對我的問題（包括牢騷在內），也都願意一一傾聽，我真的很感謝身旁能有位像他這樣的人。

如果身旁能有一位像這樣的朋友，在自己無法控制情緒時，是很有幫助的。不管是遇到討厭的事情，或是想要抱怨的事情，都可以讓自己無所顧慮，一吐為快。

但還是要挑選適合的對象。如果你找的是與自己有社會關係的人

（如工作上的同事），反而可能因此產生嫌隙，讓心更苦。所以最好找與你工作無關、可以把心交付給他的人。當然，這個人也可以是自己的先生或者太太。

特效藥8 馬上道歉

不可避免地每個人都會犯錯、失敗，這時一定要「馬上道歉」。

雖然表面可以裝作沒事，但我們的「心」是誠實的。

「心」很清楚我們做錯了什麼，那會給自己帶來煩躁與壓力。

所以一旦犯錯，無關地位誰高誰低、無論年齡誰長誰幼，都應該坦誠地為自己犯下的過失道歉、為失敗道歉、為造成別人的困擾負責。

其實，這個道理連小學生都知道，但成年之後，礙於年齡、資歷、立場等條件所建構起來的自尊、驕傲作祟，使得這個原本理所當然的事情變得很難，讓人無法坦誠道歉。

我有個親身經驗。

平時我嚴格要求大家不能遲到、缺席，所以我也不曾遲到、缺席。

但只有一次，我遲到了。

那個要求大家不能遲到的人，自己卻遲到了。

這時，哪還顧得了面子或尊嚴。

那天我一衝進辦公室，便下跪磕頭，大聲對著眾人說：「對不起」。

恰巧當天晚上公司舉辦餐會，席間我為每個人倒酒，還用自嘲的方式，一一向眾人賠罪：「今天真是抱歉呀！」因為每個人的個性不同，所以道歉的方式也就不太一樣。

總而言之，不管是誰，只要犯錯或失敗，就應該真誠地向對方道歉，這點非常重要。親子關係也一樣，即便是父母犯錯，也應該好好對孩子說「對不起」。

特效藥9 懂得「算了」也很重要

一直煩惱著無法掌控的事情，也無濟於事，這時懂得「算了」很重要。

對有些人來說，「算了」似乎是種向對方消極妥協的回應；但對我來說，「算了」卻代表「看清事實」。

我認為「放棄」不好，但「看清事實」很好，因為那代表懂得「捨」。

人很難捨，但如果什麼都抱著不放，只會讓煩惱愈積愈多，再加上諸事不順，只是徒增壓力與煩躁而已。所以，一定要鼓起勇氣「捨」。

當我煩躁時，會試著告訴自己「算了」。但有些「算了」的事情，如果真的重要，還是有必要事後再好好思考。

換句話說，如果真的能夠「算了」的事情，就代表它不重要，既然如此，那就丟了吧！利用這種方式，最後真正重要的事情就可以留下來。

特效藥10 情況會變，所以請忍耐

過去我當了六年上班族，但工作到了兩年半左右，曾一度覺得受不了，想要離職。

我的理由很單純，只因為我討厭當時的主管。

那位主管的做法、想法讓我完全無法接受，覺得自己已經忍耐到了極限，才決心辭職。

後來，我開車回老家，想跟父親說明我的決定。

「其實，我已經打算辭掉現在的工作。因為我再也受不了現在的主管。剛好有朋友介紹新工作給我，聽說對方是家不錯的公司，在那裡我應該可以有所發揮。」

說完，父親大聲地訓斥我說：「你這笨蛋在胡說什麼？一份工作沒有辦法咬牙撐過三年的傢伙，到別家公司會有什麼作為嗎？現在的主管討厭，難道那個人一輩子都會是你的主管嗎？公司裡會有人事異動，主管可能換人，為了這種無聊理由離職不是很可惜嗎？」

我其實沒有什麼主見，原本是希望父親認同我的想法才找他商量，沒想到反而被他責備，「你沒聽過學功夫要三年四個月嗎？」

那天我原本想在家裡住一晚，後來還是決定當天就回東京。

雖然心裡仍舊覺得煩，但我還是忍住想要離職的衝動。

沒想到，半年後父親的話居然應驗。公司發布人事異動，我的主管被調離現職，而我成了部門主管。

這下心中原有的抱負、想法全都可以實現了，還暗自慶幸「還好當初聽了父親的話，沒有辭職」。

人活著一定會生氣、會煩躁，但情況不會一直持續，只要稍微忍耐、轉個念頭，隨時都有可能峰迴路轉，更何況是在變化快速的現今社會呢！

特效藥11 真的無法消氣，就去睡覺

如果煩躁情緒還是止不住的話，這時不妨喝點酒，讓自己早點上床休息。很多時候，一覺醒來，什麼事情也就覺得「算了」。

有時面對一些討厭的事，先不要急著去處理它，暫且放到一旁，「時間」自然會為我們解決。

而且，睡覺還有另外一個重要意義。

有時之所以會煩躁、生氣，只是因為「累了」的關係。

因為頭腦累了，所以不能再體諒人，或厭倦做些瑣碎的作業。只要

好好睡上一覺，讓頭腦恢復清醒，就會覺得根本沒必要讓自己這麼煩。

所以煩躁時，也要懷疑是不是自己的頭腦累了。如果是的話，就盡早結束工作，讓頭腦先休息再說吧！

結語

提升個人魅力，促進社會正向循環

在我學生時代，因為看了《夕陽之丘的總理大臣》這齣校園劇，讓我立志成為一位老師。即便後來自行創業、公司股票公開發行，事業規模愈擴愈大，我仍舊沒有忘記自己最初的夢想。

就在股票公開發行的二、三年前，我開始不斷遊說其他董事，「時候到了，一定要讓我辭職」，直到股票公開發行後，大家才終於點頭。而現在的我所做的，就是夢想中的教育事業，於是我開始教授「主管學」。

何謂「主管學」？

首先，主管必須先努力增加自己魅力。

下屬是看著主管成長的，如果想要改變下屬，主管本身必須先學習做好主管，學習從各種角度來看待事情，並加以貫徹。

接著，要與下屬進行面對面溝通。

不管主管的想法有多棒，如果彼此不能敞開心胸，下屬是無法接受主管意見的。為此，主管必須學習有效溝通的方法與技巧，加強與下屬間的關係。

當主管個人魅力增加、與下屬建立良好關係後，最後必須做的，就是強化自己領導的組織，將它打造成為高效能團隊。

除此之外，學習「主管學」還能活化社會，讓社會中的組織，處在一個良好循環下。

比方說，主管在成為魅力主管、與下屬建立有效關係、強化領導組織的過程中，會再培育出優秀下屬，而這些下屬終將變成具領導魅力的主管，再與他的下屬建立起有效關係、強化組織，再重新培育新的下屬。在這種正向循環下，優秀人才輩出，就會不斷有新的生力軍投入社會。

「讓個人與企業形成優質文化，彼此得以相互成長，為打造富足社會與光明未來貢獻己力」這是我所成立的公司理念，也是我的人生理念。

那麼，今後將由哪些人負起「打造富足社會與光明未來」的任務呢？是新一代的年輕人，是我們的孩子。

有鑑於此，我們需要更多可以成為他們學習範本的大人、讓他們憧憬的大人。試想，如果這些年輕人或孩子每天接觸到的，都是一臉睏倦、哀聲嘆氣的大人的話，心裡會怎麼想呢？

每到假日就窩在家裡，當孩子對你說：「陪我玩嘛！」就推說：「我好累，饒了我吧！」或是偶爾帶孩子到遊樂園玩，孩子跟媽媽玩得開心，爸爸卻窩在長椅上補眠。看到那樣的大人，孩子們會想跟他們一樣嗎？

我想，應該不會吧！

很多職場工作者，回到家後，又要扮演為人父母的角色。

這時，如果能在小孩面前，展現魅力，多與孩子分享有助他們擘畫未來的事情，像是「工作很棒喔」、「長大是件很開心的事喔」，孩子就會有所憧憬，希望快點長大。

只要身旁的大人神采奕奕、充滿魅力，孩子自然就會對將來抱持希望，未來必定能更加美好。

有關「主管學」的詳細內容，請見日經BP公司出版的有聲書《主管學：培養最強下屬，打造最強組織》，或者拙著《所以部下才不追隨你》（日本實業出版）與《理所當然卻總是做不到：主管的規則》（明日香出版）。本書則完整彙編各種情緒控制的方法。

世界上最簡單的成功法則，就是珍惜「生命」與「時間」。

我相信各位都已經了解，不開心、煩躁、生氣等負面情緒會讓人生變得何等無趣。

只要能夠控制自己的情緒，人生就會得到意想不到的轉變。

本書介紹的許多價值觀、看待事物的方式及想法，都是能夠立即運用的技巧。希望透過閱讀，能讓更多人成為孩子憧憬的對象，讓孩子覺得「生在這個世界真好」，使得社會更為自由與富足。

我眼前的功課，是成為孩子眼中的「酷爸」。讀者們是否也有過這樣的念頭，希望藉由自己的為人處事，成為孩子眼中的「酷爸」、「酷媽」呢？一定要抱持這樣的想法，讓自己成為充滿活力、散發光彩、令人憧憬的大人。

嶋津良智

Beautiful Life 60

不生氣的技術【暢銷紀念版】

原著書名／怒らない技術
原出版社／フォレスト出版株式会社
作者／嶋津良智
翻譯／朱麗真
責任編輯／魏秀容、韋孟岑
版權部／吳亭儀、黃淑敏
行銷業務／闕睿甫、石一志
總編輯／何宜珍
總經理／彭之琬
發行人／何飛鵬
法律顧問／元禾法律事務所 王子文律師
出版／商周出版
臺北市中山區民生東路二段141號9樓
電話：(02) 2500-7008 傳真：(02) 2500-7759
Blog：http://bwp25007008.pixnet.net/blog
E-mail：bwp.service@cite.com.tw
發行／英屬蓋曼群島商家庭傳媒股份有限公司城邦分公司
臺北市中山區民生東路二段141號2樓
讀者服務專線：0800-020-299 24小時傳真服務：(02)2517-0999
讀者服務信箱E-mail：cs@cite.com.tw
劃撥帳號／19833503 戶名：英屬蓋曼群島商家庭傳媒股份有限公司城邦分公司
訂購服務／書虫股份有限公司客服專線：(02)2500-7718；2500-7719
服務時間：週一至週五上午09:30-12:00；下午13:30-17:00
24小時傳真專線：(02)2500-1990；2500-1991
劃撥帳號：19863813 戶名：書虫股份有限公司
E-mail：service@readingclub.com.tw
香港發行所／城邦(香港)出版集團有限公司
香港灣仔駱克道193號東超商業中心1樓
電話：(852) 2508 6231 傳真：(852) 2578 9337
馬新發行所／城邦(馬新)出版集團Cit (M) Sdn. Bhd. (458372U)
11, Jalan 30D/146, Desa Tasik, Sungai Besi,
57000 Kuala Lumpur, Malaysia.
電話：603-90563833 傳真：603-90562833
行政院新聞局北市業字第913號

封面設計／李涵硯
內頁排版／Copy
印刷／卡樂彩色製版印刷有限公司
經銷商／聯合行銷股份有限公司 電話：(02)2917-8022 傳真：(02)2915-6275

2012年（民101）10月初版
2022年（民111）12月27日二版4刷
定價280元 Printed in Taiwan
商周部落格：http://bwp25007008.pixnet.net/blog ISBN 978-986-477-389-3

城邦讀書花園 www.cite.com.tw

國家圖書館出版品預行編目資料

不生氣的技術／嶋津良智 著 朱麗真 譯 -- 初版. -- 臺北市：
商周出版：家庭傳媒城邦分公司發行，2018〔民107〕 192面；14.8*21公分.
譯自：怒らない技術

1. 憤怒 2. 情緒管理
ISBN 978-986-477-389-3（平裝） CIP：176.56

廣 告 回 函
北區郵政管理登記證
台北廣字第000791號
郵資已付，免貼郵票

104台北市民生東路二段 141 號 9 樓

英屬蓋曼群島商家庭傳媒股份有限公司

城邦分公司

請沿虛線對摺，謝謝！

書號：BB7060　**書名**：不生氣的技術 【暢銷紀念版】　**編碼**：

請於此處用膠水黏貼

商周出版

讀者回函卡

謝謝您購買我們出版的書籍！請費心填寫此回函卡，我們將不定期寄上城邦集團最新的出版訊息。

姓名：______________________ 性別：□男 □女

生日：西元__________年__________月__________日

地址：______________________

聯絡電話：__________ 傳真：__________

E-mail：______________________

學歷：□1.小學 □2.國中 □3.高中 □4.大專 □5.研究所以上

職業：□1.學生 □2.軍公教 □3.服務 □4.金融 □5.製造 □6.資訊

□7.傳播 □8.自由業 □9.農漁牧 □10.家管 □11.退休

□12.其他__________

您從何種方式得知本書消息？

□1.書店 □2.網路 □3.報紙 □4.雜誌 □5.廣播 □6.電視

□7.親友推薦 □8.其他__________

您通常以何種方式購書？

□1.書店 □2.網路 □3.傳真訂購 □4.郵局劃撥 □5.其他__________

您喜歡閱讀哪些類別的書籍？

□1.財經商業 □2.自然科學 □3.歷史 □4.法律 □5.文學

□6.休閒旅遊 □7.小說 □8.人物傳記 □9.生活、勵志 □10.其他

對我們的建議：______________________

請於此處用膠水黏貼